情報科学入門

野本弘平 著

朝倉書店

JN040719

はじめに

　現代の情報の特徴は，「情報技術がその利用に先行し始めた」ということである．2020年正月の日本経済新聞第三部「**5Gの出番です**」は，「NTTドコモとKDDI，ソフトバンクの携帯大手3社がいよいよ次世代通信規格『5G』の商用サービスを始める．」という言葉で始まっている[0.1]．そしてその中の記事は，「5Gを使って一体どんなことができるのか．大容量のデータを瞬時に送れる次世代通信の活かし方について，世界が知恵を争っている．」と報じている[0.2]．つまり，先に技術ができて，その後から「何に使おうか」と世界中で考えはじめているのである．一方，自動車に関わる情報技術で耳目を集めている自動運転も，世界中の企業がその技術開発にしのぎを削っている一方で，それをどう使えばよいのかということは未解決の課題として残ったままである[0.3]．ほかにも，AI（人工知能）をはじめ，現在の情報技術の多くに，この傾向は見られる．「必要は発明の母」という言葉が，現代の情報の分野では必ずしも当てはまらないのである．そして情報というものは時代とともにある．

　情報に関わる者として，この現実にどのように向き合えばよいのであろうか．その答えは単純である．情報および情報の理論と技術の本質を理解し，それを人々のためにより良く使う能力を身に着けることである．たとえば，これから情報技術者になろうとしている人々は，情報の理論や技術について理解することはもちろん，それらを人々の幸せのために使えるよう社会的素養や時代的理解も身に着けている必要がある．一方，情報以外の理工系，生命系，あるいは人文・社会科学などのあらゆる専門の人々も，自分の専門を現代の社会で実践していくためには情報の理論や技術を習得している必要がある．

　以上のことを考え，本書をまとめた．執筆にあたり，まず，「情報というものは時代とともにある」ということをよく理解してもらうために，客観的な統計データで定量的な変遷を示すなどの工夫をした．また，「情報および情報の理論と技術の本質を理解し，それを人々のためにより良く使う能力を身に着ける」ことを目的として，本書で扱う範囲を情報の本質的な内容に絞り，その内容については，図や例を用いて考え方を十分に理解できるように解説した．

　この本を読んでくださる方々が，いまの時代を見つめ，情報の理論と技術と
それらの効果的で正しい利用法について理解し，世の中の人々の暮らしや活動
を幸せで豊かなものにすることに貢献していただければ，筆者は心からありが
たく感謝申し上げる次第である．

2020 年 12 月

野 本 弘 平

参 考 文 献

[0.1]　5G の出番です，日本経済新聞，元旦第三部，第 1 面，2020 年 1 月 1 日．

[0.2]　村山恵一；デジタル感覚を磨け，日本経済新聞，元旦第三部，第 1 面，2020 年 1 月 1 日．

[0.3]　Rodney Brooks；How to bet on tech, A few key questions can help you distinguish winners from losers, IEEE Spectrum, November 2018, pp. 44-49.

目　　次

第1章 「情報」って何？

改めて考えてみよう

　みなさんは，これまで「情報」という言葉を繰り返し聞いてきて，自分でも何度もその言葉を使ってきたことと思う．しかし，改めて「情報」という言葉の意味を考えたことはあまりないのではないだろうか．本章では，これから情報を学ぶのにあたり，「情報」の意味を改めて考える．

1.1 「情報」という言葉

　筆者は情報の入門に関する科目の最初の講義で，学生のみなさんに「『情報』というとどういうものを考えるか」と聞く．すると，つぎのような答えが返ってくる．

- a) コンピュータやその関連技術
  - a1) コンピュータ，プログラム，データ
  - a2) AI，ディープラーニング
  - a3) 画像処理，認証，暗号化，シミュレーション
- b) 判断や行動のために価値のある知識
  - b1) 技術や経済，政治の最新動向
  - b2) 何かを選んだり決めたりするときに必要なデータ
  - b3) 自分だけ知っていると得をする事実
- c) そのような知識の入手や移動に関するもの
  - c1) インターネットで調べると分かること
  - c2) ニュースや天気や個人的なことの知らせ

　辞書にはどう書かれているだろうか．『広辞苑』[1.1] には，(a)「ある事柄についてのしらせ」，(b)「判断を下したり行動を起こしたりするために必要な，種々の媒体を介しての知識」，(c)「システムが働くための指令や信号」と説明されている．

　『精選版日本国語大辞典』[1.2] には，(a)「事柄の内容，様子．また，その知らせ．」，(b)「状況に関する知識に変化をもたらすもの．文字，数字などの記号，音声など，

いろいろの媒体によって伝えられる.」，(c)「高等学校の教科の一つ.」と解説されている．そして「語誌」として，下記の記述がある.

1. 明治期には，様子の報告というほどの意味であった．例えば金沢庄三郎の「辞林 (1907)」の語釈は「事情の知らせ」，山田美妙の「大辞典 (1912)」の語釈は「事情の報告」となっており，『英和口語辞典 (1904)』でも report の訳語の一つとして挙げられている.

2. 現在のように information と密接に結びつくようになったのは，一九五〇年代半ばに確立した information theory が「情報理論」と訳され，普及したことによる.

『明鏡国語辞典』[1.3] には，(a)「ある事柄の内容や事件などについての知らせ.」，(b)「文字・記号・音声など，種々の媒体によって伝達され，受け手の判断・行動などのよりどころとなる知識や資料」とある.

『大辞林』[1.4] には，(a)「事物・出来事などの内容・様子．また，その知らせ.」，(b)「ある特定の目的について，適切な判断を下したり，行動の意思決定をするために役立つ資料や知識.」，(c)「機械系や生体系に与えられる指令や信号．例えば遺伝子情報など.」，(d)「物質・エネルギーとともに，現代社会を構成する要素の一.」と表現されており，さらに「『事情』を『報告』することから一字ずつ抜き出してできた略語.」という説明がある.

まずみなさんが考える「情報」，つぎに一般的，標準的な日本語を説明する辞書における「情報」を見てきた．では，「情報」の専門家たちはこの言葉をどのように考察しているであろうか．「情報」の言葉を看板に掲げる情報処理学会が，2005年に創立45周年を記念して掲載した記事に「情報という言葉を訪ねて」(1)，(2)，(3) がある[1.5-1.7]．この記事では「情報」という言葉の起源や変遷についての考証が行われている．それによると，つぎのことが分かる.

1. 「情報」は，中国語由来の言葉ではなく，明治時代に日本で作られた言葉であること.

2. 最初の用例は 1876 年出版の訳書『佛國歩兵陣中用務實地演習軌典』に，フランス語の renseignement の訳語として「敵の情状の報知」の意味で使われたこと.

3. 戦後，情報理論の導入に伴い，英語の information の訳語として普及したこと．

4. 情報処理学会は 1960 年に設立されたが，当時この学会名に首を傾げた人がかなり多かったこと．

　さて，みなさんは「情報」という言葉が示すものやその使われ方を見てきて，どのように感じたであろうか．歴史的には，現在の「情報」という言葉は，戦後 information の訳語として広まったものであること，明治期には様子の報告や事情の知らせという意味で使われていたことが分かった．しかしこの明治期の用法でも，「敵の情状の報知」は自軍の行動を決定するための「情報」，つまり現在の意味での「情報」ともいえる．また，「報告」や「知らせ」ということも重要であり，「様子」や「事情」はそれ自体では客観的な事実に過ぎず，それがデータとして記録されたとしてもどこかに留まったままでは価値を生まないのである．これを知ることにより判断や行動に生かそうという人や組織があって，そこにこれがもたらされて，初めて価値ある「情報」となるのである．

1.2　大学における「情報」

　現在，「情報科学科」，「情報工学科」をはじめ，「情報○○学科」のように情報関係の学科は，理工系を中心に多くの大学に設置されている．このような学科は，いつ頃からあるのだろうか．

　「情報」という言葉のついた学科等の名前は，日本では，1967 年に慶應義塾大学文学部に開設された文学研究科図書館・情報学専攻が最初である．そして，理工系では，1970 年，東京工業大学理学部に情報科学科，京都大学工学部に情報工学科，大阪大学基礎工学部に情報工学科，金沢工業大学工学部に情報処理工学科が設立された．そしてその後，日本中のあちこちの大学に，「情報」の言葉を冠した学科が雨後の筍のように現れた．

　日本は，この時代どんな状況にあったのであろうか．1970 年は，日本万国博覧会が大阪で開催された年である．1964 年の東京オリンピック，1972 年の札幌オリンピックとともに，戦後の低迷を経て日本が世界の表舞台に躍り出た時代である．経済的には，1954 年 12 月から 1973 年 11 月までは，「高度成長

時代」と呼ばれ，日本は実質経済成長率 10% 以上を達成していた．この経済成長に伴って，生産業における重厚長大や自動化とともに求められた技術は情報処理であり，非生産業においても銀行のオンライン化をはじめ事務処理へのコンピュータの導入が進められた．したがってこの時期，情報処理の技術を身に着けた人材が，日本の幅広い産業から求められていた．大学に情報に関する学科が現れ，増えていったのは，このような時代の要請に応えるものであった．

1.3　学術における「情報」

大学における情報系の学科について見てきた．では，学術的には「情報」はどのように位置付けられているのだろうか．すなわち，あらゆる学術領域はどのように体系付けられていて，「情報」はその中のどこに分類されているのだろうか．ここでは，日本学術振興会の「系・分野・分科・細目表」平成 29 年度版[1.8] に沿って概観しよう．これは，研究者が科学研究費補助金の申請を行い審査を受けるときに，その研究分野を指定するために使う分類である．

この分類では，あらゆる学術領域は「系」と名付けられた 4 つの括りに分けられている．筆者は講義で学生のみなさんに，「これら 4 つの系のうちの 1 つは『総合系』というものです．残りの 3 つは何だと思いますか．」と問う．すると出てくる答えはいつも，「文系」と「理系」という 2 つの括りである．筆者は，「では，『文系』と『理系』から独立させてまとめるべき重要な範疇は何だと思いますか．」とさらに問う．この答えはなかなか出てこないので，少しずつヒントを出して「生物系」という答えに誘導し，「そこに含まれるのは，どんな学術分野でしょうか．」とさらに問い，その具体例が揃ってくるとみなさんはだんだん納得してくる．「生物系」には，生物学，農学，医歯薬学などが含まれている．正解をまとめると，「系」は，「総合系」，「人文社会系」，「理工系」，「生物系」から構成されるということになる．

「では，これら 4 つの『系』の中で，『情報』はどこに位置付けられていると思いますか．」と私が学生のみなさんに問うと，ほとんどの人が「理工系」と回答する．しかしそうではなく，正解は「総合系」なのである．このことは，「情報」が「理工系」の一分野と捉えられているのではなく，「理工系」，「人文社会系」，「生物系」それぞれに関与する学術領域と見なされていることを意味している．

　それでは「総合系」の中身を見てみよう．「系」の下の分類は，「分野」である．そして「総合系」は，「情報学」，「環境学」，「複合領域」の3つの分野から構成される．つまり，「情報学」は，「総合系」の中で大きな部分を占めていることが分かる．

　ここからは，図1.1を参照しながら読んでいただきたい．「分野」の下は「分科」である．「情報学」分野は，つぎの4つの分科により構成される；「情報学基礎」，「計算基盤」，「人間情報学」，「情報学フロンティア」．

　「分科」の下は，「細目」である．この「細目」を読めば，それぞれの分科が具体的にどんな内容のものであるかが，そしてひいては「情報学」が扱う学術領域の範囲が分かる．図1.1にはこれら4つの分科の細目を挙げてあるので，よく見てほしい．おそらく，みなさんが予想していた「情報学」の範囲は，「情報学基礎」と「計算基盤」の内容とあまり変わらなかったのではないだろうか．

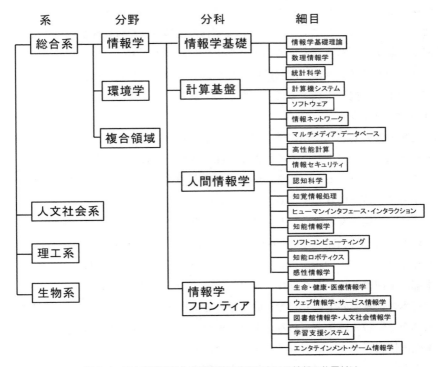

図1.1　日本学術振興会の学術領域体系における情報の位置付け

これらの内容は，理工系の「情報」なのでイメージしやすかったことと思う．一方，「人間情報学」と「情報学フロンティア」の内容は，意外だったのではないだろうか．「人間情報学」の分野は，「認知」，「知覚」，「知能」，そしてさらには「感性」といった人間らしい，ある意味でコンピュータみたいではない内容で構成されている．また，「情報学フロンティア」では，前述の「生物系」や「人文社会系」と結びつく内容が示されており，さらには「エンタテインメント」や「ゲーム」といった楽しそうな用語さえ並んでいる．

　以上のように，「情報学」は単に理工学の範疇に留まらず，総合的で広範な学術領域を形成し，人間の知的営みの探求を包含しているのである．

1.4 「情報」に関する学会

　みなさんは，「学会」という組織をご存知だろうか．学会というのは，ある学術領域の研究者が集まって会員となり，それぞれの研究成果を発表する研究会やシンポジウムを主催したり，それぞれの投稿された研究成果に対し査読を経て価値あるものを掲載する学術誌を出版したりする組織のことである．この学会を通じて研究者は，専門分野の研究の動向を知り，互いに影響を及ぼし合って，学術の発展に寄与することになるのである．ここでは，情報に関する国内外の学会を紹介する．

　情報分野にもいくつかの学会がある．学会ができるということは，つぎのことを意味する．第1に，その分野に興味を持つ研究者・技術者がそれだけ多くいるということである．第2に，その分野を独立して扱おうとする機運が盛り上がっているということである．

　まず，国際的な組織を持ち，世界中で活動をする学会としてつぎの2つの学会がある．1つは，IEEE (Institute of Electrical and Electronics Engineers) で，もう1つは ACM (Association for Computing Machinery) である．いずれも，本部は米国にある．ちなみに，"IEEE" は，「アイ・トリプル・イー」と読む．

　日本の情報系の学会で，総合的な分野を扱う2つの学会として，電子情報通信学会と情報処理学会がある．また，専門的な分野に特化した学会として，日本知能情報ファジィ学会や人工知能学会がある．

　みなさんも，研究室に配属されて卒業研究に携わると，その研究の成果が高

ければ，学会発表の機会を先生から与えられるかもしれない．大学院になったらほとんどの人が，学会発表をするのではないだろうか．学外の専門家の前で自分の研究成果を発表することは，緊張するだろうが，とてもよい勉強になるので，学会発表の機会を与えられたら十分に準備をして最善を尽くしていただきたい．

1.5 産業における「情報」

総務省は，あらゆる産業を統一的な基準で分類するために，「日本標準産業分類」を告示している[1.9]．この中で「情報」がどのように位置付けられているかを，見てみよう．最新版は，平成25年改定，平成26年4月1日施行のものであるので，これに基づいて説明する．この「日本標準産業分類」も，1.3節で述べた日本学術振興会の「系・分野・分科・細目表」のように階層的な構成となっている．まず，大分類はつぎのようになっている．

A　農業・林業
B　漁業
C　鉱業，採石業，砂利採取業
D　建設業
E　製造業
F　電気・ガス・熱供給・水道業
G　情報通信業
H　運輸業，郵便業
I　卸売業，小売業
J　金融業，保険業
K　不動産業，物品賃貸業
L　学術研究，専門・技術サービス業
M　宿泊業，飲食サービス業
N　生活関連サービス業，娯楽業
O　教育，学習支援業
P　医療，福祉
Q　複合サービス事業
R　サービス業（他に分類されないもの）
S　公務（他に分類されるものを除く）
T　分類不能の産業

このように，「情報」は「通信」とともに一分野を形成している．さらにこの「G 情報通信業」は，つぎの中分類に分類されている．

37　通信業
38　放送業
39　情報サービス業
40　インターネット付随サービス業
41　映像・音声・文字情報制作業

　これらの中分類もさらに下位のカテゴリに展開されているのだが，紙面の都合上，ここではそれらのうち「39　情報サービス業」についてのみ，その展開を示す.

中分類　39　情報サービス業
　390　管理，補助的経済活動を行う事業所（39情報サービス業）
　　3900　主として管理事務を行う本社等
　　3909　その他の管理，補助的な経済活動を行う事業所
　391　ソフトウェア業
　　3911　受託開発ソフトウェア業
　　3912　組込みソフトウェア業
　　3913　パッケージソフトウェア業
　　3914　ゲームソフトウェア業
　392　情報処理・供給サービス業
　　3921　情報処理サービス業
　　3922　情報提供サービス業
　　3923　市場調査・世論調査・社会調査業
　　3929　その他の情報処理・提供サービス業

　中分類を見ると「G　情報通信業」の中身が，放送やインターネットなど情報を配信する産業や，その情報の内容や作品を作る産業も含まれていることが分かる. そして，下位の展開まで示した「情報サービス業」の中に，さまざまなソフトウェア産業が含まれていることも分かる.

　さて，みなさんは気がついたであろうか. ソフトウェアはあったけれど，ハードウェア，すなわち情報通信の機器に関わる産業が含まれそうな中分類が見当たらない. 実は「E　製造業」の中に，中分類「28　電子部品・デバイス・電子回路製造業」があり，ここに半導体メモリや電子回路，電子部品が含まれ，また，中分類「30　情報通信機器具製造業」があり，ここに電子計算機やパーソナルコンピュータ，外部記憶装置などが含まれるのである.

　この節の目的は，「情報」の全産業の中での位置付けを示すことなのでここまでに留めるが，情報通信業が全産業に占める割合やその変遷，国際社会の中

での位置付け，日本の情報通信産業の特徴については，公的統計に基づき第9章で議論する．

参 考 文 献

[1.1] 広辞苑第七版，岩波書店，2018.

[1.2] 精選版日本国語大辞典第二版，小学館，2006.

[1.3] 明鏡国語辞典第二版，大修館書店，2016.

[1.4] 大辞林第四版，三省堂，2019.

[1.5] 小野厚夫；情報という言葉を訪ねて (1)，情報処理，vol. 46, no. 4, pp. 347-351, 2005.

[1.6] 小野厚夫；情報という言葉を訪ねて (2)，情報処理，vol. 46, no. 5, pp. 475-479, 2005.

[1.7] 小野厚夫；情報という言葉を訪ねて (3)，情報処理，vol. 46, no. 6, pp. 612-616, 2005.

[1.8] 日本学術振興会，系・分野・分科・細目表等
https://www.jsps.go.jp/j-grantsinaid/02_koubo/saimoku.html
（2020 年 9 月 5 日確認）.

[1.9] 総務省　日本標準産業分類
http://www.soumu.go.jp/toukei_toukatsu/index/seido/sangyo/index.htm
（2020 年 9 月 5 日確認）.

第2章　現代社会と「情報」
知っておくべき情報のキーワード

　情報は各時代にそれぞれの期待が込められ，それらに応じて進化してきた．逆にいえば，情報は時代を映す鏡といえる．新聞やニュースでは毎日のように，いくつもの情報に関するキーワードが登場し，世界中で企業や研究機関がそれらの技術開発に取り組んでいることが報じられる．みなさんは，いまのこの時代を特徴付けているこれらのキーワードについて，きちんと説明できるであろうか．この章では，情報に関するいくつかのキーワードを取り上げ，それらが使われる頻度の推移を示し，それらの内容について考察を行う．前章で学んだように，情報は理系や文系という括りにとらわれない立場のものであるから，情報を学ぼうとするものは，常に「いまの，あるいは近未来の情報」に目を向けていなければならない．

2.1　キーワードの出現頻度の算出法

　情報に関するキーワードの出現頻度の推移を調べるには，まず，キーワードがどの対象に現れる出現頻度なのかを決める必要がある．ここでは，時事的な情報に敏感で，社会への発信力があり，社会的・文化的に広い内容を扱う新聞紙面，特に全国紙の一般紙として，朝日新聞をその対象とした．つぎに，何をもって出現頻度とするかを決める必要がある．キーワード自体の出現頻度などさまざまな指標が考えられるが，ここでは，そのキーワードが使われている新聞記事の数を数えることとした．

　情報源としては，朝日新聞の有料オンライン記事データベースである「聞蔵II ビジュアル」[2.1] を用いた．具体的には，雑誌などいくつかある検索対象を朝日新聞に絞り，異字体，同義語は含めて，検索対象キーワードを入力し，発行期間を 1985 年 1 月 1 日から 1989 年 12 月 31 日までを最初の 5 年間として，順次 5 年間ずつ検索して，そのヒット件数，すなわち記事の数を調べた．

　この本では，外来語は最後の長音を入れない技術系の片仮名表記法に従って，「コンピュータ」のように記述している．しかし，報道関係の表記法ではこの

長音を入れて「コンピューター」のように記述している．したがって，検索するときは後者に倣わないと意図した言葉がヒットしない．このため，この章では，両者が混在することにはなるが，後者の表記法を適宜用いることとする．

2.2 現代の情報に関するキーワードの出現頻度

現代の情報に関するキーワードを扱った記事を，前節に述べた方法で検索し，その出現頻度の推移とその内容について考察する．

2.2.1 「情報」の出現頻度

はじめに，本書のテーマである「**情報**」というキーワードについて扱う．みなさんは，「情報」という言葉が付いた記事は，1つの新聞に毎日どれくらいの数が掲載されていると思うだろうか．そしてその数は，現在がもっとも多いか，あるいは過去のいつ頃がもっとも多いか，分かるだろうか．

図2.1は，上述のようにして調べた「情報」に関わる記事の出現頻度である．最新の5年間である2015年1月1日から2019年12月31日までの間に，「情報」という言葉が付いた記事の数は86,459件ある．これを5で割ると，1年間で17,292件あることになる．休刊日もあるだろうが，単純にこれを365で割ると，1日で47件ということになる．この件数には，各地の地方版なども含

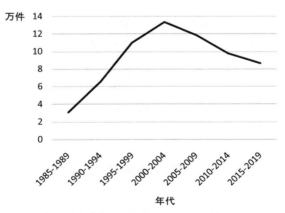

図2.1 「情報」の記事の出現頻度
「聞蔵IIビジュアル」を用いて調査

むのであるが，驚くべき数ではないだろうか．

　そして，出現頻度がもっとも高かったのは，2000 年から 2004 年までの 5 年間であり，133,288 件もの記事が掲載されている．これは，1985 年から 1989 年までの 30,951 件の 4.3 倍に上り，十数年間の間にいかに「情報」が普通の人々にとって身近なものとなったかを物語っている．

　また，2000 年が近づいてきた頃「**2000 年問題**」が世界中の人々を怖れさせていた．これは，当時の情報システムでは西暦を下位の 2 桁のみで表現していたため，2000 年になると西暦が「99 年」から「00 年」に変わり，時間の計算などたくさんの処理に破綻をきたすという問題である．2000 年 1 月 1 日の新聞にはこの問題を扱った記事が多く，たとえば，朝日新聞朝刊の新潟の面には，「**県，2000 年問題で 3 日まで 3000 人警戒**」という記事[2.2]が掲載されている．このような事態となった理由は，当時使われていたコンピュータでは，メモリが高価でその容量が少なかったため，極力メモリを節約するプログラミングが行われていたためである．結果としては，多くの人々の努力が功を奏したこともあって，懸念されていたほどの大きな混乱は生じなかった．

2.2.2　「インターネット」の出現頻度

　第 9 章では社会・産業の中での「情報」を扱い，その中でインターネットの利用について焦点を当てるので，これに関する記事について調べておく．図 2.2 は，「**インターネット**」に関わる記事の出現頻度である．前項の「情報」の出現頻度とグラフの概形は似ている．すなわち，2000 年から 2004 年までの期間に向かって時代とともに急増し，その後はゆっくりと減少している．しかし，急増の仕方が「インターネット」はより急激であり，1985 年から 1989 年までの期間ではわずか 5 件，1990 年から 1994 年までの期間でも 92 件であったものが，1995 年から 1999 年までの期間でいきなり 15,530 件に上っている．そしてピーク時の 2000 年から 2004 年までの期間ではその 2 倍の 30,094 件である．第 9 章で確認するが，1995 年から 2004 年までは，インターネットが急速に普及した期間である．

　では，なぜこの 10 年間にインターネットが急速に普及したのか．我が国におけるインターネットの起源は，1984 年に東京大学，東京工業大学，慶應義

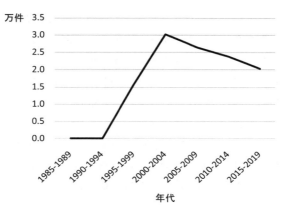

図 2.2 「インターネット」の記事の出現頻度
「聞蔵 II ビジュアル」を用いて調査

塾大学の 3 大学を結んだ **JUNET** といわれている．その後，接続する機関が増え続けたため，1993 年にインターネット接続の商用サービスが開始された．1990 年代のインターネットの通信は電話回線によるダイヤルアップ接続が主流であったため，通信速度が遅く，画像などのデータ量の大きなコンテンツは課金が高くなるので敬遠されていた．また，もちろん，インターネットと同時に通話することはできなかった．これに対し，1999 年に商用が開始された ADSL は，電話回線の中でも通話とは別の帯域を使用するため，通話とインターネットを同時に行うことが可能となり，定額料金・常時接続が実現し，ユーザの利便性が向上してインターネットの普及につながった[2.3]．

　では，2020 年初頭のインターネットについては，どのようなことが報じられているか．まず，職場ではなく家庭などで働く**テレワーク**に関する記事を 2件紹介する．1 つは 1 月 20 日の記事で，働き方改革を商機ととらえた商品やサービスが増えており，テレワークに欠かせないインターネット上の会議や文書管理の売り上げが伸びているという明るい記事[2.4] である．もう 1 つは，その約一月後の記事で，神奈川県が新型コロナウイルスの感染拡大防止策としてテレワークなどを行うことを発表し，県民や事業者に対しても，提出物は郵送やインターネットを使うよう呼び掛けるというもの[2.5] である．

　新型コロナウイルスは，筆者の大学にも大きな影響を与え，学生の卒業式も

退職者の送別会もなくなってしまった．この問題で就職活動中の学生も深刻な
影響を受けているであろう．3 月 9 日の記事には，企業の合同説明会や個別の
説明会が中止になったので，インターネットを用いた説明会が行われていると
いうことが報じられている[2.6]．また，3 月 11 日の記事では，富山県が県内企
業と東京の学生らをつなぐ Web 企業説明会を開いたということが報じられて
いる[2.7]．

　2020 年 3 月時点では，コロナウイルスの猛威に世界中が翻弄されている．
私たちは感染がこれ以上広がらないように自重すると同時に，上記のテレワー
クやネット就活のように情報の技術で被害を最小限に留める努力を続けるべき
である．

2.3　5つのキーワード

　この節は，クイズ形式で進める．現代の情報に関する 5 つのキーワードと，
5 つの出現頻度の推移を示すので，どれがどれに対応するのかを当ててほしい．
　これらの 5 つは，前節で取り上げた「情報」や「インターネット」よりも具
体的で限定された内容であり，技術的にも，産業的にも，社会に与える影響に
しても，現在の情報に関する課題を代表するものである．そしてそれらは，互
いに密接に影響し合っているのである．

2.3.1　5つのキーワードと5つの出現頻度の推移

　5 つのキーワードは，「人工知能・AI」，「IoT」，「ビッグデータ」，「個人情報」，
「コンピューターウイルス」である．
　一方，5 つの出現頻度の推移 A, B, C, D, E を図 2.3 および図 2.4 に示す．そ
れらはそれぞれ，上記 5 つのキーワードのいずれかに対応している．その対応
関係を当ててほしい．ヒントは，図 2.3 と図 2.4 とでは出現頻度の値が一桁も
違うということと，図 2.4 の 2 つの推移はずっと 0 かそれに近い値であったの
に，近年になって急速に伸びつつあるということである．

2.3.2　「人工知能・AI」の出現頻度

「人工知能」と「AI」との OR 検索を行った．読者のみなさんは，A, B, C, D,

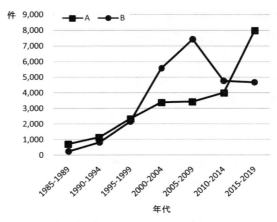

図 2.3　キーワード A, B の記事の出現頻度
「聞蔵 II ビジュアル」を用いて調査

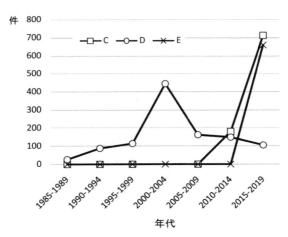

図 2.4　キーワード C, D, E の記事の出現頻度
「聞蔵 II ビジュアル」を用いて調査

Eのいずれだと思ったであろうか．おそらく，この言葉は非常によく見聞きす
るので，多くのみなさんが A か B と考えたことであろう．両者の違いは，現
在ますます盛んに話題となっているか（A），十数年前にピークを迎えて現在
は落ち着きつつあるか（B），である．正解は A である．もともと件数が多い
うえに，直近の 2015 年から 2019 年までの出現数は，その前の 5 年間の 3,997

件に対し，約2倍の7,987件に飛躍している．

　人工知能，**AI**（artificial intelligence）とは，簡単にいえば，人間の高度で柔軟な思考（認識，推論，判断など）をコンピュータにやらせようとする試みである．コンピュータが，人が指定したとおりの定型的な計算やデータ処理を行うことは，ある意味で当然である．これに対し，人は，目の前にいるのが猫であると認識したり，言葉を使って道を説明したり，状況に応じて臨機応変に，プログラムではどう書けばよいか分からないような難しいことを自然にこなす．このようなことをコンピュータにさせることはできないか，というのはだいぶ以前からの人々の憧れであった．したがって，現在のAIブームのようなものは過去にも何度かあった．一番最近のものは，1980年代のものであり，このときには，専門家の問題解決を実現する**エキスパートシステム**（expert system）が代表的な研究対象であった．その方法論は，専門家の知識を「もし○○○であれば，×××である」という形式のルールの集まりとして与え，これに基づき推論を行うというものであった．しかし実際には，専門家の知識をこのように記述し尽くすことは困難であることが次第に明らかになり，ブームは下火となった．

　現在のAIブームの特徴をこのときのものと比較すると，知識を人がコンピュータに与えるのではなく，コンピュータが知識を自分で学習するという点が対照的である．その代表的な方法論は，**深層学習**（deep learning）と呼ばれるものであり，これは多層の**ニューラルネットワーク**（neural network）による**機械学習**（machine learning）である．このニューラルネットワークとは，生物の神経細胞をモデル化したアルゴリズムであり，学習できることが特徴である．学習とはどういうことかといえば，データ（たとえば状況とそのときの正しい判断との組）を与えながらニューラルネットワークを更新していくと，たくさんのパラメータの値が変化していき，最終的にそのニューラルネットワークが正しい判断を行えるようになるということである．

　深層学習ではパラメータの数が非常に多いので，学習には莫大なデータが必要となるし，そのためには強力な計算能力が必要となる．また，ニューラルネットワーク全般にいえることであるが，学習後のニューラルネットワークから正しい判断の仕組みを解釈することは絶望的である．このような課題を抱えつつ

も，その高い可能性に世界中が注目しているのである．

　AI に関する最近の記事としては，薬の候補物質の効果や副作用を AI が予測するシステムをバイオベンチャーなどが開発したというもの[2.8] や，岩手県大槌町の防潮堤・水門整備工事の現場でダンプや重機の稼働状況を定点カメラからの映像で把握し，AI が完成度などを判断するシステムが公開されたというもの[2.9] などが報道されている．

2.3.3 「IoT」の出現頻度

　「IoT」という言葉を知っていただろうか．"**IoT**" は **Internet of Things** の略で，「**モノのインターネット**」と訳されることもある．ここで「モノ」(things) とは，これまでインターネットにつながっていたパソコンや周辺機器に対しそれ以外のモノのことで，これからはあらゆるモノがインターネットにつながり通信をすることで新たな可能性を広げていくという意味を込めている．

　さて，「IoT」は，残りの B, C, D, E のどれであるか分かるであろうか．ヒントは，本項の書き出しの「知っていただろうか」ということ，つまり知らないかもしれないということである．正解は「E」である．「E」は，1985 年から 2014 年までずっと 0 件で，最後の区分の 2015 年から 2019 年のところで初めて 658 件と，彗星のように登場している．

　新しく現れて注目されている言葉の多くがそうであるように，定義が定まっていない場合があるが，「IoT」という場合，「モノ」にセンサが新たに付いて，それがインターネットを介して情報を通信することにより，それまでにはなかったサービスを実現するという共通点がある．その背景には，製品を売るだけでは国際的な競争の中では生き残りが難しいという事情がある．たとえば国内の産業用ロボットメーカーは，ロボットや搬送機器内部のモーターから回転力などのデータを数百万分の 1 秒単位で収集し，「今後，数日で設備稼働率が 2 割程度低下しそう」といった予測を可能とすることで，ハードだけでなく付加価値の高いサービスと一体で提供する事業モデルへの移行を急ぎ，国際競争力を高めようとしていることが報じられている[2.10]．

　また，社会インフラ設備における人手不足問題に応える例として，電気機器メーカーがセンサネットワーク向け電池駆動無線端末を開発し，これまで人が

していたガスや水道などの検針作業を遠隔監視で実現するということも報じられている[2.11].

　さらに，このIoTを商機ととらえる動きとして，インテリア商品販売元がWi-Fi環境下なら自社アプリで一括して操作できるIoT製品を相次ぎ投入していることが報じられている．そこでは，スマートフォンで調光調色できるLED電球や，差込口ごとのオンオフなどの操作ができるスマートコンセントなどが紹介されている[2.12].

2.3.4　「ビッグデータ」の出現頻度

　「ビッグデータ」については，どうであろうか．「IoT」よりは聞いたことがあるのではないだろうか．ビッグデータとは，Volume（量），Variety（多様性），Velocity（更新速度）の特徴を持つものという議論もあったが，要するに，IoTやインターネットへのアクセス履歴などで発生する大規模で時には雑多なデータで，これまでの技術では扱いきれないものという意味である．

　さて，「ビッグデータ」は，残りのB, C, Dのどれであるか分かるであろうか．ヒントは，これも本項の書き出しの「『IoT』よりは聞いたことがあるのではないだろうか」ということ，IoTと似ているということである．正解は「C」である．「C」は，1985年から2009年までの25年間でたった1件で，2010年から2014年までで179件となり，最後の区分の2015年から2019年のところでIoTを凌ぐ710件に躍り出ている．つまり，IoTと同様に，最近になって登場したキーワードである．

　この「ビッグデータ」とともに最近よく使われる言葉が，**「データサイエンティスト」**である．この言葉について，竹村は，「ビッグデータの登場により，データサイエンスの3要素（データ処理，データ分析，価値創造）のスキルを統合したような人材が求められるようになり，データサイエンティストと呼ばれるようになった．データが遍在する状況となり，企業や自治体の意思決定においてデータ分析の比重が大きくなってきたことも要因である．」と述べている[2.13].

　最近の記事は，海流や水温，船舶運航量といった海のビッグデータを成長戦略に位置付け，産業創出につなげる構想が動き出すとして，内閣府と海上保安庁が2022年度を目途に官民が持つ情報を集約してリアルタイムで発信する仕

組みを作ることを報じている[2.14].

　しかし一方，朝日新聞の記者解説の記事は，米中に遅れる日本の現状を指摘し，つぎのような意見を紹介している[2.15]：

> 米中が独占する個人情報などのビッグデータを使った AI ビジネスは，もうゲームセット．GAFA（Google, Amazon, Facebook, Apple のこと）を中心とする米国，国家主導の中国と同じ土俵で戦っても勝ち目はない．それよりも日本は強みを持つ物理学や生命科学，ものづくりなどを AI を使って強化すべきだ．

2.3.5　「個人情報」の出現頻度

　この言葉は，どのような問題意識で使われているかも含めて，知っている人も多いであろう．出現頻度のグラフは残り2つ，BとDである．前の3つ，A，C，Eが近年急速に伸びているのに対しB, Dはともに過去にピークがあり，いまはその頃に比較すれば減少している．両者の違いは出現頻度の値であり，BはDの50倍近い．正解は，多い方のBである．

　Bの折れ線は，1995年から1999年までが2,171件であったものが，2000年から2004年まででではその2倍以上の5,579件に増え，2005年から2009年までの7,434件に達している．では，個人情報の記事が急速に増えたこの時期には何があったのか．個人情報の保護に関する法律（以下，**個人情報保護法**）が2003年に公布され，2005年に全面施行されたのである．

　そもそも「**個人情報**」とは何か．個人情報とは，生存する個人に関する情報であって，氏名や生年月日などにより特定の個人を識別することができるものである．そしてそれには，ほかの情報と容易に照合することができ，それにより特定の個人を識別することができることとなるものを含む[2.16]．

　個人情報保護法は，民間事業者の個人情報の取り扱いについて，4つの基本ルールを規定している．第1に，個人情報を取り扱うにあたって，利用目的をできる限り特定しなければならない．第2に，個人データの安全管理のために必要かつ適切な措置を講じなければならない．第3に，個人データを第三者に提供する場合，原則としてあらかじめ本人の同意を得なければならない．第4に，本人から保有個人情報データの開示請求を受けたときは，本人に対し，原

則として当該保有個人データを開示しなければならない[2.16].

　個人情報保護法は，情報通信技術の発展や事業活動のグローバル化のため，2015 年に改正法が公布され，2017 年から全面施行された．改正前には 5,000 人以下の個人情報しか有しない中小企業・小規模事業者は適用対象外となっていたが，改正後はすべての事業者に個人情報保護法が適用されることとなった[2.16].

　この法律の新たな改正が閣議決定され，国会に提出されたという動きが 2020 年 3 月の新聞に報じられた．この改正では，個人情報の不適切な利用に歯止めを掛けるため，個人の権利を拡充し，企業に適正な利用を義務付ける．また，Web 上の閲覧履歴データなどの利用ルールも盛り込んだ[2.17].

2.3.6 「コンピューターウイルス」の出現頻度

　最後の「**コンピューターウイルス**」は，D である．「コンピューターウイルス」が危険で厄介なものという認識はあるだろうが，「コンピューターウイルス」がどんなものか，あるいはその特徴を，みなさんはいえるであろうか．情報処理推進機構はこれを，つぎのように定義している[2.18]：

> 第三者のプログラムやデータベースに対して意図的に何らかの被害を及ぼすように作られたプログラムであり，次の機能を一つ以上有するもの
> 　(1) 自己伝染機能
> 　(2) 潜伏機能
> 　(3) 発病機能

　不正アクセス行為の禁止等に関する法律（以下，**不正アクセス禁止法**）が，2000 年に施行された．図 2.5 は，2007 年から 2018 年までのこの法律の違反事件検挙件数の推移を示している[2.19]．この図を見ると，2009 年が 2,534 件であるのに対し，2018 年は 564 件に減少している．

　D のグラフを見ると，2000 年から 2004 年までのところでピークの 441 件を迎え，その後減少して最近の 2015 年から 2019 年まででは 102 件と 4 分の 1 未満になっている．インターネット利用世帯において何らかのセキュリティ対策を行っている世帯の割合は 68.5%，情報通信ネットワーク利用企業において何

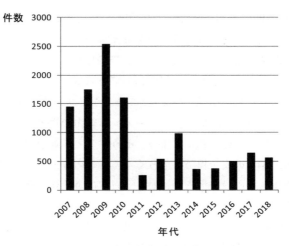

図 2.5　不正アクセス禁止法違反事件検挙件数の推移
令和元年版情報通信白書 [2. 19] より作図

らかのセキュリティ対策を実施している企業の割合は 97. 8% である[2.19]．法律
の施行と人々の意識の高まりが，効果を上げてきたと考えられる．

　しかし人々の努力にも拘わらず，いまでも強力なウイルスの Emotet（エモ
テット）が電子メールを通じて広がり世界中で猛威を振るっていること[2.20]や，
コロナウイルスをめぐり市の保健所を装った不審なメールが出回り，これによ
りこのウイルスに感染したこと[2.21]などが報じられている．

　一方，新時代の脅威としては，2.3.3 項で述べた IoT に関するものがある．
2018 年に観測されたサイバー攻撃のうち，約 5 割が IoT を標的にしたものと
いう報道がある[2.22]．

2.4　いま注目のキーワード

　最後に，現在注目を集めているキーワードをいくつか取り上げる．

2.4.1　量子コンピュータ

　量子コンピュータ（quantum computer）とは，量子力学の物理方式により
動くコンピュータで，0 であり，かつ 1 でもあるという特殊な状態を利用して

大量の情報を一度に処理できる．2019 年 10 月に，米国の ICT 企業が，量子コンピュータを使い，複雑な計算問題を最先端のスーパーコンピュータよりもきわめて短い時間で解くことに成功したと発表した．量子コンピュータの能力を実験で証明したのは，これが世界で初めてである[2.23]．

　このニュースは世界に衝撃を与えた．このようなコンピュータが登場すると，もちろん良いこともある反面，インターネット経由の送金や電子商取引などに利用されている暗号は破られてしまう．そうすると，通信の安全は崩壊し，個人情報は漏れ，国家の安全保障も危うくなる．この分野では米国やカナダが先頭を走り，中国も集中投資するのに対し，日本は実用化や産業化で後れを取りつつある[2.24]．

　そのような状況の中，日本の ICT 企業がカナダの企業と組み，量子コンピュータの実用化に向けた研究に乗り出した．量子コンピュータは，0 と 1 のどちらでもある「重ね合わせ」の状態を取るためノイズに弱く，エラーを起こしやすい．両企業はこのノイズの影響を抑制する技術を共同開発するそうだ[2.25]．

2.4.2　5 G

　2020 年元日の日本経済新聞の第三部は，この春に携帯大手 3 社が 5G の商用サービスを始めることを控えて，12 面を掛けて 5G の特集を組んだ．そしてその第 1 面では，従来の 100 倍の実効速度で通信できる **5G** (5th Generation) により，「電気のようにあらゆるモノに通信が溶け込む最初の一歩が始まる」と謳っている．そして，製造，教育，農業，観光，医療，建設，交通，物流などさまざまな分野で 5G の可能性が探られていることや，前出の人工知能（AI）や IoT などのテクノロジーが 5G と結びついてくること，そして 5G 時代の競争がこの春に本格スタートすることが解説されている[2.26]．

　その後実際に，2 月には電気メーカーが 5G に対応するスマートフォンを日本で初めて発売すること[2.27]や，3 月には携帯大手 3 社のうちの 1 社が 5G のサービスを開始することや，ほかの 2 社もこれに続くこと[2.28]が報道された．

　これらの動きを背景に，総務省によると 5G の普及で期待される経済波及効果は 46.8 兆円，特に渋滞や交通事故の減少などの効果が期待される交通分野

が 21 兆円ともっとも大きいことが報道されている．しかしその一方で，携帯各社が競技会場などで先端的な 5G サービスを披露するとしていた東京五輪は，1 年ほどの延期が決まったことにも触れている[2.29]．

2.4.3　電子商取引

電子商取引（e-commerce：EC）とは，OECD（Organisation for Economic Co-operation and Development: 経済協力開発機構）の定義によると，物・サービスの売却あるいは購入であり，企業，世帯，個人，政府，そのほか公的あるいは私的機関の間で，コンピュータを介したネットワーク上で行われるものとし，その支払いおよび配送はオンラインで行われてもオフラインで行われても構わないとしている[2.30]．

平成 30 年の日本国内の消費者向け電子商取引市場規模は，18.0 兆円（前年 16.5 兆円，前年比 8.96% 増）に拡大している．また，平成 30 年の日本国内の企業間電子商取引市場規模は，344.2 兆円（前年 318.2 兆円，前年比 8.1% 増）に拡大している[2.31]．

私たちは日常の生活の中で，ネットショッピングをすることが多くなった．これが上記の消費者向け電子商取引である．いま，小売業の仕組みが変わりつつある．たとえば，大手スーパーが積極的な出店により，その総売り場面積において全国の百貨店を追い抜くことが報じられた．そしてその同じ記事の中で，電子商取引（EC）市場が拡大する米国ではモール閉鎖の動きが広がることも指摘されている[2.32]．

現在，関係業界の再編が進み[2.33]，法整備も行われていて[2.34]，今後一層の電子商取引の進展が予測される．さらにこの動きを速めているのが今回の新型コロナウイルスの問題である．東南アジアでも，料理宅配などの電子商取引（EC）向けビジネスが拡大する動きが報告されている[2.35]．

課　題

2.1　みなさんが選ぶ情報のキーワードは何であろうか．今日の新聞から，情報のキーワードに関する記事を 1 つ見つけて，自分の見解を付けてまとめよ．

2.2　上記課題 2.1 を 1 週間続けよ．

参 考 文 献

[2.1]　朝日新聞社；朝日新聞記事データベース　聞蔵 II ビジュアル,
https://database.asahi.com/index.shtml
（2020 年 9 月 6 日確認).

[2.2]　朝日新聞；県, 2000 年問題で 3 日まで 3000 人警戒／新潟, 2000 年 1 月 1 日, 朝刊, 29 面.

[2.3]　総務省；令和元年版情報通信白書, 第 1 部, 第 1 章, 第 1 節, デジタル経済史としての平成時代を振り返る, pp.6–46, 日経印刷株式会社, 2019 年.

[2.4]　朝日新聞；（知っとこ！DATA）「働き方改革」で注目, テレワーク, 2020 年 1 月 20 日, 夕刊, 3 面.

[2.5]　朝日新聞；知事部局など 9300 人, 最大 5 割「テレワーク」新型コロナウイルス／神奈川県, 2020 年 2 月 27 日, 朝刊, 21 面.

[2.6]　朝日新聞；就活生へ, 画面越しアピール　あす, ネット配信合同セミナー　感染拡大で県内 4 社／広島県, 2020 年 3 月 9 日, 朝刊, 25 面.

[2.7]　朝日新聞；就活生・企業, WEB で対面　新型コロナ対策, 県説明会／富山県, 2020 年 3 月 11 日, 朝刊, 23 面.

[2.8]　朝日新聞；薬の候補物質, 効果を AI 予測　研究チームが開発　創薬コスト削減, 期待／大阪, 2020 年 1 月 15 日, 夕刊, 6 面.

[2.9]　朝日新聞；復興工事, AI で効率化　定点カメラの映像分析　大槌／岩手県, 2020 年 2 月 13 日, 朝刊, 18 面.

[2.10]　日本経済新聞；「止まらぬ工場」高精度に　モーターから情報, 故障予測　生産課の盲点補う　安川電・ファナック, 2019 年 7 月 14 日, 朝刊.

[2.11]　日本経済新聞；三菱電機, 検針作業を効率化　ガスや水道などと提携, 2020 年 3 月 16 日, 電子版.

[2.12]　日本経済新聞；IoT 家電・照明　アプリで一括操作, 愛媛の日昇, 2020 年 3 月 19 日, 電子版, 有料会員限定版.

[2.13]　竹村彰通；データサイエンス入門, 岩波新書, 2018.

[2.14]　日本経済新聞；海のビッグデータで産業創出　航路や水産を効率化　海流, 水温, 船舶運航量などを活用, 2020 年 2 月 26 日, 電子版, 有料会員限定版.

[2.15]　朝日新聞；（記者解説）AI ブーム, 光と影　技術革新は何のため, 問い直す時　編集委員・堀篭俊材, 2020 年 1 月 13 日, 朝刊, 7 面.

[2.16]　個人情報保護委員会；個人保護法ハンドブック
https://www.ppc.go.jp/files/pdf/kojinjouhou_handbook.pdf
（2020 年 9 月 6 日確認).

[2.17]　朝日新聞；個人情報の利用, 「停止権」を拡充　保護法改正案を閣議決定, 2020 年 3 月 11 日, 朝刊, 8 面.

[2.18]　情報処理推進機構；情報セキュリティ
https://www.ipa.go.jp/security/outline/outline-j.html

（2020 年 9 月 6 日確認）.

[2.19] 総務省；令和元年版情報通信白書, 第 2 部, 第 3 章, 第 2 節, ICT サービスの利用動向, pp. 252-292, 日経印刷株式会社, 2019 年.

[2.20] 朝日新聞；メールで感染 世界中で猛威 強力ウイルス メアド盗みなりすまし 次々拡散 国内で 400 以上の被害, 2019 年 11 月 28 日, 朝刊, 34 面.

[2.21] 朝日新聞；保健所装い偽メール 新型肺炎／京都府, 2020 年 2 月 1 日, 朝刊, 19 面.

[2.22] 朝日新聞；狙われる IoT 家電, サイバー攻撃防げ パナソニック／大阪, 2019 年 10 月 26 日, 朝刊, 6 面.

[2.23] 日本経済新聞；スパコンで 1 万年分の計算, 3 分で Google「量子超越」, 2019 年 10 月 23 日, 電子版, 有料会員限定版.

[2.24] 朝日新聞；（記者解説）量子コンピューターの胎動 暗号が無意味に, 社会変える 性能 科学医療部・勝田敏彦, 2020 年 2 月 17 日, 朝刊, 7 面.

[2.25] 日本経済新聞；量子計算機 ミス少なく 富士通, カナダ進行と研究, 2020 年 3 月 25 日, 朝刊, 17 面.

[2.26] 日本経済新聞；元旦第三部 5G の出番です 今春, 携帯大手 3 社が商用開始, 2020 年 1 月 1 日, 朝刊, 1-12 面.

[2.27] 朝日新聞；5G スマホ, シャープから 国内初, 今春販売へ／大阪, 2020 年 2 月 18 日, 朝刊, 6 面.

[2.28] 朝日新聞；ソフトバンク 5G, 月額プラス 1000 円 27 日から, エリアまず 7 都府県, 2020 年 3 月 6 日, 朝刊, 7 面.

[2.29] 朝日新聞；5G, 遠隔手術や渋滞緩和も 他業種と連携, 経済効果 46.8 兆円 まず ドコモ開始, 2020 年 3 月 26 日, 朝刊, 6 面.

[2.30] 経済産業省 商務情報政策局 情報経済課；平成 30 年度 我が国におけるデータ 駆動型社会に係る基盤整備（電子商取引に関する市場調査）
https://www.meti.go.jp/policy/it_policy/statistics/outlook/H30_hokokusho_new.pdf
（2020 年 9 月 6 日確認）.

[2.31] 経済産業省；電子商取引実態調査 平成 30 年度調査
https://www.meti.go.jp/policy/it_policy/statistics/outlook/H30fy_kohyoyoshiryo.pdf
（2020 年 9 月 6 日確認）.

[2.32] 日本経済新聞；イオン, モール面積が百貨店を逆転へ 迫られる戦略転換, 2020 年 3 月 18 日, 電子版.

[2.33] 朝日新聞；ヤフー, ネット通販にテコ入れ ZOZO 買収, 孫氏がつなぎ役, 2019 年 9 月 13 日, 朝刊, 3 面.

[2.34] 経済産業省；「電子商取引及び情報財取引等に関する準則」を改訂しました
https://www.meti.go.jp/press/2019/12/20191219003/20191219003.html
（2020 年 9 月 6 日確認）.

[2.35] 日本経済新聞；東南アで巣ごもり消費 宅配サービス普及を後押し タイのセブン, 全土で展開, 2020 年 3 月 25 日, 電子版.

第3章 「情報」の量としての定義
科学の第一歩は測れるようにすること

　私たちは日常で「32 GB（ギガバイト）の USB メモリ」，あるいは「2 MB（メガバイト）以上のファイルをメールで送ってはいけない」など，情報の量についてたくさんのことを見聞きし，自分でも使っている．このように，情報を量として扱えるようにしたことが，情報を科学として確立させ，豊かな技術展開をもたらした．この情報の量に関する一連の考え方はシャノン（Claude Elwood Shannon, 1916-2001, 米国の電気工学者，情報通信の分野に多大な影響を与えた．）により 1948 年に発表されたものである．本章ではその定義の意味について考察し，利用法を学ぶ．

3.1 「情報」の何を測るのか

　第1章で，「これ（『様子』や『事情』）を知ることにより判断や行動に生かそうとする人や組織があって，そこにこれがもたらされて，初めて価値ある『情報』となるのである．」と書いたが，それはどのような価値かについて考察する．読者のみなさんは，つぎに示す一対の情報の内で，どちらの方が価値のある情報だと思うであろうか．そして，それはなぜか．

a)　福引・宝くじ；
　a1)　歳末セールの福引で，確率1万分の1で洗剤の詰合せが当たった．
　a2)　100円で買った宝くじで，確率1万分の1で現金1万円が当たった．

b)　値上げのニュース；
　b1)　日本の消費税が 8% から 10% になった．
　b2)　山形県米沢市の循環バスの運賃が 200 円から 210 円になった．

c)　言葉の起源；
　c1)　「情報量」を定義したのはシャノンである．
　c2)　「目が点になる」という表現を使いだしたのは，さだまさしの仲間である（さだまさしは，1970 年代から活躍する日本のシンガーソング

　　ライター）.

　d)　6月のある日の天気予報；
　　d1)　「明日は雨でしょう.」
　　d2)　「明日は晴れでしょう.」

　a1) の福引で 洗剤の詰合せが当たったら, 自分で洗濯をする人かどうかで
度合いは異なるが, 嬉しいことは嬉しい. しかし, a2) の宝くじには元手が掛
かっており, しかも現金ならば用途は自分で決められるから嬉しさの度合いも
大きく, 大半の人は a2) を選ぶのではないだろうか. このように, 結果として
生ずることの嬉しさや大切さは情報の価値の一側面である. そしてその嬉しさ
や大切さは, それを感じる人の性格や立場などにより異なる.
　b) は, b1) の方が価値が高い. なぜなら, 影響を受ける人の数がまるで違
うから. このように, 影響の大きさにより評価できる情報の価値もある. そし
てこの影響の大きさには, 上記の例のような人の数のほかに, 経済的あるいは
政治的なもの, それから事の深刻さなどが考えられる.
　c) は, 難しい問題である. 学術的な意義としては, 断然 c1) であるが, 明日,
誰かに話してみたい「無駄知識」としては, c2) の方が価値がある. この話は,
『図書』に掲載されていた[3.1]. そこでは, 1998 年『広辞苑』第 5 版[3.2] に「目
が点になる」という言葉が新たに加えられたこと, そしてこの言葉の由来がさ
だまさしにより紹介されている. つまり, 学術的な意義や話題性というのも,
情報の価値の指標となり得る.
　d) は, 梅雨を知っている日本人なら, d2) と答えるであろう. 6月は梅雨の
季節で, 毎日のように雨が降り続く. その中でのたまの晴れ間のことを「五月
晴れ」と呼んで, 日本人は伝統的に愛でてきた. もっともいまは, 旧暦の 5 月
が梅雨の季節であることも忘れられ, 違う意味で使われることもあるが. すな
わち, 珍しさ, 数学的にいえば確率により決まる情報の価値もある.
　まとめると, 情報の価値は, 結果として生ずることの嬉しさや大切さ（人に
より度合いが異なる）, 影響の大きさ（人の数, 経済的, 政治的なもの, 深刻さ）,
学術的意義や話題性, 珍しさ（確率）などにより評価することができる. しか
し, 情報を科学的に扱おうとすれば, 誰にとっても, いつ測っても, どこで測っ

ても，同じ情報は同じ量にならなければならない．情報の価値の中で，その性質を満たすものは確率である．シャノンは1948年，情報の量を確率に基づき定義した．これが私たちが現在使っている情報量である．逆にいえば，情報を科学的に扱うために，情報の価値を決めるほかの多くの側面を切り捨てたのである．このため，上記の a1）も a2）も情報量としては同一の値となり，私たちが日常的に「情報の価値」として認識しているものとはやや乖離がある．このことは，情報を扱う立場の者としては，認識しておくべきことである．

3.2　確率に基づく「情報量」の定義

本節では，確率に基づき，めったに起こらない珍しい「知らせ」には大きな値を与え，平凡なよくあることの「知らせ」には小さな値を与えるような「情報量」を決めるためには，どんな性質を満たす必要があるかを考えながら，シャノンの**「情報量」**の定義を考えていく．

まず，「量」として，みなさんはどんなものを思い浮かべるであろうか．ここでは，量の典型として重さを例にとり，「情報量」がそのような「量」として使えるために必要な性質を考える．

また，「情報量」を確率 p の関数 $I=f(p)$ で表すことにする．

3.2.1　なければ 0，あれば正の値を取る（非負性）

重さは，はかりで測ることができる．もし，はかりに何も載っていなければ，はかりの針は「**0**」を指す．また，はかりに何かを載せれば，はかりの針は正の値を示す．図3.1 は，このことをリンゴを測ることを例に示している．この

0 g　　　　　350 g

図3.1　なければ 0，あれば正の値を取る

リンゴの代わりに情報を測るはかりは，どのような仕組みが必要だろうか.

　まず，情報で「何もない」ということは，どういうことか．情報を珍しさの観点から価値を評価することにしたのだから，それは，「まったく珍しくない」，あるいは「当たり前だ」ということである．このことを確率でいえば，確実に起こること，すなわち確率 $p=1$ ということである．つまり，情報を測るはかりは，$I=f(1)=0$ という性質を持っていなければならない.

　さらに，少しでも珍しさがある場合，すなわちまったく確実という訳ではない場合，正の値を取る必要がある．これは，$0<p<1$ の場合，$I=f(p)>0$ ということになる.

　まとめると，「情報量」は非負の値を取るということになる.

3.2.2　重いほど大きな値を取る（単調性）

　図 3.2 のように，はかりの針は，リンゴが重いほど大きな値を示す．このことを情報でいうと，その情報が珍しいほど「情報量」は大きくなるということになる．さらに確率でいいかえれば，確率 p が 0 に近づくに従って，情報量 $I=f(p)$ は一方的に大きくなるということになる．これを**単調性**という.

　ここまで，3.2.1 項と 3.2.2 項から少しだけ情報量を測るはかり $I=f(p)$ の形が見えてきた．図 3.3 のように，まだカーブの形は分からないが，p が 0 から 1 に向かって増大するのに従って，情報量 $I=f(p)$ は単調に減少し，$p=1$ のとき $I=f(1)=0$ となることが分かる.

　試しに，上記の性質を満たす情報量 $I=f(p)$ の候補を考えてみよう．たとえば $I=f(p)=1-p$ というのはどうであろうか．あるいは，$I=f(p)=1/p-1$ も，

350 g　　**250 g**

図 3.2　重いほど大きな値を取る

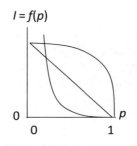

$I=f(p)$

0

p

0　　　　1

図 3.3　情報量 $I=f(p)$ の候補

ここまでの性質なら満たす.

3.2.3 分けて測っても，合わせて測っても値は同じ（加法性）

図3.4に示すように，350gのリンゴと250gのリンゴを別々に測って足し合わせても，それらをまとめて一度で測っても，その重さは同じである．これは，情報でも同じく満たさなければならない性質である．なぜなら，ある情報を2回に分けて聞いた価値と，まとめて一度に聞いた価値とが違っていては困るからである．このことを**情報の加法性**という．この性質を満足するように，情報量 $I=f(p)$ を決めなければならない.

この問題を解決するために，つぎの例を考える.

A君が住んでいるアパートは4階建てで，各階に5室ずつの部屋がある．このことを知っている人が，つぎの情報を知ったとする（図3.5）；

情報1) A君の部屋は3階の部屋である.

情報2) A君の部屋は左から2番目の部屋である.

情報3) A君の部屋は3階の左から2番目の部屋である.

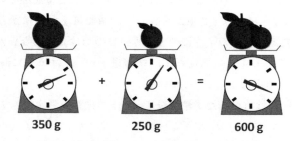

350g + **250g** = **600g**

図3.4 分けて測っても，合わせて測っても値は同じ

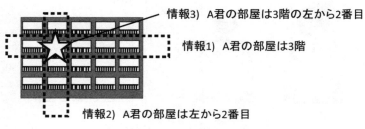

情報3) A君の部屋は3階の左から2番目

情報1) A君の部屋は3階

情報2) A君の部屋は左から2番目

図3.5 A君の部屋に関する情報

情報 1 と情報 2 を別々に知ったときと，まとめて情報 3 を知ったときの値が同じになるように，確率に基づく「情報量」を決めるにはどうしたらよいか．まず，それぞれの情報の確率を考える．

情報 1) 4 階建てなので，$p_1 = \dfrac{1}{4}$

情報 2) 各階 5 部屋なので，$p_2 = \dfrac{1}{5}$

情報 3) 4 階建てで各階 5 部屋，合計 20 部屋なので，$p_3 = \dfrac{1}{20}$

図 3.4 のように，「分けて測っても，合わせて測っても値は同じ」となるためには，この 3 つの情報の関係はつぎのようにならなければならない．

$$f(p_3) = f(p_1) + f(p_2) \tag{3.1}$$

一方，確率の方にはつぎの関係がある．

$$p_3 = p_1 \cdot p_2 \tag{3.2}$$

さて，みなさんもう気がついたであろうか．独立変数が掛け算の関係にあって，その従属変数の方が足し算の関係になっている．この性質を持つ演算は，対数（logarithm）である．ただし，すでに考察してきた非負性と単調増加性を満たさなければならない．そのためには，確率の逆数を用いればよい．また，対数とする場合，底（base）を決めなければならないがシャノンはこれを 2 とした．結論として，**情報量**はつぎの式で定義される．

$$I = f(p) = \log_2 \frac{1}{p} = -\log_2 p \tag{3.3}$$

この情報量の単位は **[bit]**（ビット）である．

さあ，実際に先ほどの 3 つの情報の情報量を求めてみよう．

情報 1) $I = f(p_1) = \log_2 4 = 2$ ［bit］ $\tag{3.4}$

情報 2) $I = f(p_2) = \log_2 5 = 2.32$ ［bit］ $\tag{3.5}$

情報 3) $I = f(p_3) = \log_2 20 = 4.32$ ［bit］ $\tag{3.6}$

めでたく，(3.1) 式 を満たしている．

最後に 1 つだけ，注意すべきことを書いておく．それは，総合の情報量が個別の情報量の和となるのは，それら個別の情報が独立な事象であるときである．つまり，1 つの事象の生起がほかの事象の生起確率に影響を与えない場合であ

る.

　例を挙げて説明する．上述の図3.5のA君の部屋の例，すなわちA君の部屋が何階かという情報と左から何番目かという情報とは，どちらかが他方に影響を及ぼすわけではないから，独立である．これに対し，月日の情報と天気の情報との組み，たとえば「5月5日，晴れ」は，独立ではない．なぜなら，3.1節のd) でも触れたように，季節により天気には傾向があるからである．

3.3　平均情報量（エントロピー）

　前節では，それぞれの情報の情報量について考えた．つぎに，単位情報当たりの情報量，すなわち**平均情報量**について考える．これは，各情報量にその生起確率を掛けて総和を取ったものとなる．すなわち，平均情報量 H は，次式で与えられる．

$$H = \sum_i p_i \log_2 \frac{1}{p_i} = -\sum_i p_i \log_2 p_i \tag{3.7}$$

この平均情報量は，**エントロピー**（entropy）とも呼ばれる．

　この平均情報量の数値例について調べていく．3.1節において，d) 6月のある日の天気予報について考えた．仮に6月の天気の確率は，晴れが10%，曇りが20%，雨が70%であるものとする．このとき，それぞれの情報量は，つぎのようになる．

$$晴れの情報量 \quad I(晴れ) = -\log_2 0.1 = 3.32 \quad [bit] \tag{3.8}$$

$$曇りの情報量 \quad I(曇り) = -\log_2 0.2 = 2.32 \quad [bit] \tag{3.9}$$

$$雨の情報量 \quad I(雨) = -\log_2 0.7 = 0.51 \quad [bit] \tag{3.10}$$

　確かに，珍しい晴れの情報量が高く，毎日のように降り続く雨の情報量は低くなっている．平均情報量は，生起確率を重みとしたこれらの加重和である．すなわち，6月のある日の天気予報の平均情報量は次式で与えられる．

$$H = -0.1 \cdot \log_2 0.1 - 0.2 \cdot \log_2 0.2 - 0.7 \cdot \log_2 0.7 = 1.15 \quad [bit] \tag{3.11}$$

　上記のような確率分布の場合，このように平均情報量は1.15となった．では，もう少し分布の偏りが小さい例として，晴れが25%，曇りが25%，雨が50%である場合の平均情報量を求めてみる．実際の計算をする前に，読者のみなさんは，確率の偏りが大きい場合と小さい場合とで，どちらの方が平均情報量は

大きくなるか，直感により考えてみてほしい．その結果は次のようになる．

$$H = -0.25 \cdot \log_2 0.25 - 0.25 \cdot \log_2 0.25 - 0.5 \cdot \log_2 0.5$$
$$= 1.50 \quad [\text{bit}] \tag{3.12}$$

情報量は大きくなった．さらに，晴れも曇りも雨もまったく同確率で1/3ずつである場合の平均情報量はつぎのようになる．

$$H = -\frac{1}{3} \cdot \log_2 \frac{1}{3} - \frac{1}{3} \cdot \log_2 \frac{1}{3} - \frac{1}{3} \cdot \log_2 \frac{1}{3} = 1.58 \quad [\text{bit}] \tag{3.13}$$

さらに大きな値となった．平均情報量は，起こり得る各事象の生起確率が均等であるとき，最大の値を取る．

まとめると，事象の生起確率が偏っているほど，すなわちどの事象が生じやすいかが予測しやすいほど，平均情報量は小さく，事象の生起確率が均等になるほど，すなわちどの事象が生ずるか予測しにくくなるほど，平均情報量は大きくなる．このことは，感覚的にもよく理解できるものである．

課　題

3.1　パソコンが世に現れた1970年代半ば，日本ではキャンディーズという女性アイドルグループの「ハートのエースが出てこない」という歌がヒットしていた．ここでは，ジョーカーを除いた全52枚のトランプカードから1枚を引いたときの情報量について考える．つぎの情報の情報量を求めよ．ただし，どのカードが出る確率も均等であるものとする．また，答えは小数第2位まで求めよ．

(1)　「ハートが出た」
(2)　「エースが出た」
(3)　「ハートのエースが出た」

そして，(3)の情報量が，(1)と(2)の情報量の和となっていることを確認せよ．

3.2　さいころを1回振って，出た目を知ることの平均情報量を求めよ．ただし，どの目が出る確率も均等であるものとする．また，答えは小数第2位まで求めよ．

参 考 文 献

[3.1]　さだまさし：タロー・目が点になる・広辞苑，図書，第852号，pp.10-13, 2019年12月

[3.2]　広辞苑第5版，岩波書店，1998.

第4章 「情報」をどう記述するか

データについて

この章では，伝えたい情報をどう記述するかということについて考察する．そのためにまず，コンピュータやネットワークを離れて，自然や日常の中の文字によらない情報の記述について見ていく．そして，情報処理の中で扱われる数がどのように記述され，どのように処理されるのかについて説明する．そして，文字の記述，音の記述，画像の記述について，それぞれ示す．

4.1　自然の情報記述と身近な情報記述

人は，毎日外界から情報を取り入れ，自分の行動を決めている．その情報は，社会の中で個人が生きていくために必要あるいは有用であるとともに，社会の秩序を守るために人々に知らせるものである．このことは，ひいては，人に限らず，群れを形成して生息する動物全般にいえることである．まず，自然の情報記述と身近な情報記述について，見ていく．

4.1.1　情報を伝える動物たち

キツネは，メスを呼ぶ声，縄張りの主張，危険の知らせなど，さまざまなコミュニケーションや行動の型を持つといわれる．

図4.1　キツネ

また，ミツバチは，仲間の蜂たちに花の蜜のある場所（方向と距離）を教えるために「8の字ダンス」をするといわれる．

このほかにもみなさんは，イルカ同士のコミュニケーションの話や，シジュウカラの言葉の話など，群れを作って生息する動物が互いに情報伝達をする話を読んだり，聞いたり，テレビで見たりしたことがあると思う．

このように，群れを形成することのメリットは，互いの情報を交換し合って，それぞれの個体だけでは達成で

図4.2　ミツバチ

きない生産性（餌の捕獲など），安全確保（外敵からの防御など），あるいは子孫繁栄（求愛行動など）を達成することなのである．

4.1.2 地図記号

　私たちの周りには，たくさんの文字によらない情報記述がある．そのいくつかを見ていこう．

　最初に地図を取り上げる．私たちは，日常生活でたくさんの地図を見る．グルメサイトには店への行き方の地図が掲載されており，大学のサイトには各キャンパスのアクセスマップが用意されている．また，観光マップを片手に街歩きを楽しむこともある．地図には，施設などの位置，交通手段，土地利用，標高，海や川などの自然，たくさんの情報が詰め込まれている．

　さまざまな地図の基礎となるものが国土交通省の国土地理院の地図である．地図は，道路・建物・河川などの基本的な情報を国土全体に亘り整備している基本図と，基本図の上に活断層や地形分類，土地利用などの情報を上乗せした主題図がある．基本図は，位置情報を示す基盤地図情報に構造物や等高線などの項目を加えた地図情報，航空写真から作られるオルソ画像，居住地名，自然地名，公共施設などの情報を整備した地名情報から構成される[4.1]．

　私たちは，小学校で地図の読み方を習った．そして，地図を効率よく表現するために地図記号というものがあり，それらは国土地理院により定められていることを学んだ．国土地理院のサイトでは，1. 道路，2. 鉄道，3. その他の交通関係，4. 建物等，5. 建物記号，6. 基準点，7. 種々の目標物，8. 特定地区，9. 境界，10. 植生，11. 河川，湖沼および海，12. 岸高，比高，地面の状態等，13. 地形の項目に分けて，地図記号を説明している[4.2]．ここでは，5. 建物記号の中からその例を表 4.1 に示す．

表 4.1　地図記号の例

小・中学校	博物館	郵便局
文	血	〒

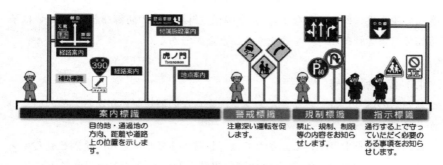

図4.3　道路標識の種類と目的
国土交通省［4.3］より引用

4.1.3　道路標識

　地図が土地の様子を俯瞰的にそして抽象的にまとめたものであるのに対し，移動の現場で私たちに現在位置，目的地の方向，注意事項などを教えてくれるのは道路標識である．

　道路標識は，大きく分けて案内標識，警戒標識，規制標識，指示標識の4種類がある．また，補助標識は本標識の意味を補足するために設置される．国土交通省のサイトでは，これらの標識の目的を図4.3に引用した図を用いて説明している[4.3]．

　これらの内で案内標識は，知らない土地でも私たちが迷わないように情報を提供してくれる．案内標識には，目的地・通過地の方向，距離や道路上の位置を示し目標地までの経路を案内する経路案内，現在地を示す地点案内，待避所・パーキングなどの付属施設を案内する付属施設案内の3種類がある．

4.1.4　ピクトグラム

　道路標識が屋外で使われる情報記述であるのに対し，主に屋内，特に公共的な空間の中でよく見かける情報記述は**ピクトグラム**（pictogram）である．これは，図や絵柄によって，施設の役割の提示や，道案内，行動誘因を行おうとするものである．言語によらないため，言葉の分からない外国人にも通訳なしで情報を伝えられるという利点がある．このため，日本では，1964年の東京オリンピックの頃から使われるようになったといわれている．

表4.2 ピクトグラムの例

お手洗 Toilets	非常口 Emergency exit	救護所 First aid
♿	🚶	✋

　ピクトグラムは，日本工業規格 JIS において，案内用図記号 Z 8210 として定められている[4.4]．また，交通エコロジー・モビリティ財団は，この JIS に登録されていない項目を含むピクトグラムを策定し公表している．代表的なピクトグラムを表 4.2 に示す[4.5]．

　このように，ピクトグラムは共通の情報伝達手段として制定され，統制，運用されているものであるが，最近，変化があった．それは，2020 年に開催される予定であった東京オリンピックのための JIS 規格の改定である．日本人だけでなく外国人観光客にもより分かりやすいピクトグラムにするためとして，JIS Z 8210 について，国際規格（ISO）との整合の観点から 7 種類のピクトグラムを変更し，15 種類の新しいものを追加したのである．このことを発表した経済産業省のサイト[4.6] に掲載された図を，図 4.4 に引用する．

　このことは，新聞やテレビニュースなどでも広く報道され，話題を呼んだ．特に，日本人が長年に亘り慣れ親しんだ「温泉マーク」をなぜ変えなければならないのか，という疑問が多く投げ掛けられた．経済産業省の説明によると，「温泉マーク」は外国人には暖かい料理に見えてしまうからという理由であった．

○新しい案内用図記号の例

無線 LAN　　海外発行カード
対応 ATM

ヘルプ
マーク

○選択制
※表示者が適切な方を選択して表示

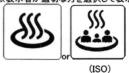

温泉

図 4.4 ピクトグラムの規格制定・改正

　しかし国民からの疑問の声が強かったため，経済産業省も再考し，現行の温泉マークを残しつつ ISO の図記号も JIS として採用し，状況に応じて選択できるようにした[4.7]．

みなさんは，この問題をどう考えるだろうか．そもそも，ピクトグラムを情報記述・伝達の方法として積極的に使おうとしている理由は，経済産業省もいっているように特定の言語に依存しないからである．このことはピクトグラムという絵記号を使えば，特定の地域や文化が作った「約束事」を知らなくても「情報が伝わる」ということを前提としている．しかしながら，実際にはそれは難しいことである．考えてみれば，もっとも代表的なピクトグラムの 1 つである表 4.2 の「お手洗」にしても，普通にこれを見れば「男」と「女」という意味にしか見えないはずである．これが「お手洗」と分かるのは，そういう約束事を知っているからにすぎない．ほかの多くのピクトグラムにもそういう地域性や文化性が少なからずある．この問題は，情報記述の難しさの一側面を示している．

4.2　数の記述

本節では，いよいよ情報科学らしい数の記述について考えていく．まず，みんなが知っている身近な数の記述法を見て，その特徴を考える．つぎに，数の2 値表現として 2 進法を導入し，2 進法と 10 進法との基数変換について学び，2 進法の加算，2 進法の減算の方法について習得する．

4.2.1　身近な数の記述法

みなさんは，数の表し方をいくつ知っているだろうか．表 4.3 は，1, 2, 3, 4, 5,

表 4.3　数の記述の例

アラビア数字	1	2	3	4	5	2019
漢字	一	二	三	四	五	二千十九
英語	one	two	three	four	five	two thousand nineteen
ローマ数字	I	II	III	IV	V	MMXIX
正の字	一	T	F	疋	正	不可能
タリー			||	|||	||||	卌	不可能

2019 を，アラビア数字，漢字，英語，ローマ数字，それから日本で数え上げるときに使う「正」の字，欧米で数え上げるときに使うタリー（tally）で，それぞれ書いたものである．

　アラビア数字はスマートである．漢字や英語は，読むとおりに書かれている．ローマ数字の 2019 は，1000 が「M」なので 2000 で「MM」，10 が「X」なのでつぎは「X」，9 は 10 に 1 だけ足りないことを「X」の左に 1 の「I」を付けて「IX」と表し，全体で「MMXIX」となる．数え上げるとき，日本では「正」の字を一画ずつ書いていく．同様に欧米では 4 までは縦棒を描き 5 で斜めにそれらを横切る線を描くタリーを使う．これらの方法が適用できるのは小さな数のときで，2019 のような大きな数は事実上記述できないから，その位置には「不可能」と書いた．

　さて，なぜアラビア数字はスマートなのかを考えてみる．それは，桁取りの位置で数の単位が表現されているからである．この仕組みのない漢字や英語では，「千，百，十」，"thousand, hundred, -teen" のような各桁の名称が必要であるし，ローマ数字では各単位ごとに表現する文字が必要となる．アラビア数字はこれらを用意しなくともよいので，いくら大きな桁の数でも表現できる．アラビア数字では，このことを可能とするために，その桁取りの単位がない場合でも，その単位がいくつあるかを書かなければならない．そのために，「0」が必要なのである．2019 の百の単位のところを見ていただきたい．アラビア数字では，この桁取りの単位がないので「0」と書いてある．これに対して，漢字や英語，それにローマ数字ではこの部分が何も書いていない．ちなみに，ローマ数字では，100 は「C」で 500 は「D」で表す．

　この桁取りの位置で数の単位が表現されるという仕組みにより，アラビア数字は，計算がしやすいという利点を生み出す．つまり，各桁に 0 から 9 までの数値を配し，9 を超えて溢れれば繰り上がりの操作をして，計算することができる．これはほかの記述法にはない利点である．

4.2.2　数の 2 値表現

　第 3 章で情報量が 2 を底とする対数で定義されることを学び，ビット（bit）という単位を導入した．1 [bit] は，「0」か「1」の 2 通りの状態を持つ．この

ことは，電子回路としては，電流が流れていないときと流れているときとに対応させられるので，ハードウェアの観点からも都合が良いことである．数を，この各桁が0と1とで構成される形式で表現することを考える．

　上記のように，1桁の2値表現は2通りの数を表現できる．これが2桁となると，「00」，「01」，「10」，「11」の4通りの数を表現できる．あとは同様にして，3桁なら8通り，…，と桁が増えるたびに表現できる数が2倍ずつ増えていく．

　1桁の2進数の情報量は1[bit]であるが，8桁の情報量すなわち8[bit]をまとめて，**バイト**（byte）と呼ぶ．1[byte]は，「00000000」から「11111111」まで，$2^8 = 256$通りの数を表現できる．

4.2.3　2進法

　情報科学では数の2値表現を用いるのであるが，それぞれの数を各2値表現に対応させる方法は，唯一無二という訳ではない．しかしもっとも基本的な対応のさせ方は，2進法である．これは4.2.1項に述べたアラビア数字が，桁取りの位置で数の単位が表現されているのと同じように，数と2値表現とを対応させるやり方である．

　私たちが毎日使っているアラビア数字は**10進法**である．これは，各桁が下位（右側）から順に，1桁目は$10^0 = 1$，2桁目は$10^1 = 10$，3桁目は$10^2 = 100$，4桁目は$10^3 = 1000$，5桁目は$10^4 = 10000$，…と10倍ごとの単位に対応している．この桁取りの基本単位10を，**基数**（base number）という．そして各桁に0から9までの数字を入れて，その単位が何個ずつあるかを示すものである．

表4.4　2進法と10進法との対応

2進法	10進法	2進法	10進法
0	0	1000	8
1	1	1001	9
10	2	1010	10
11	3	1011	11
100	4	1100	12
101	5	1101	13
110	6	1110	14
111	7	1111	15

先ほどの 2019 ならば，1000 が 2 個，100 が 0 個，10 が 1 個，1 が 9 個という具合である．

これと同様に**2 進法**も，桁取りの位置で数の単位を示すようにする．ただしこの場合，基数は 2 となるから，各桁は下位（右側）から順に，1 桁目は 2^0 = 1，2 桁目は 2^1 = 2，3 桁目は 2^2 = 4，4 桁目は 2^3 = 8，5 桁目は 2^4 = 16，…と 2 倍ごとの単位に対応している．そして，各桁に 0 または 1 の数字を入れて，その単位がいくつあるか，すなわち「0」なら無い，「1」なら 1 つだけある，ということを示す．表 4.4 に，2 進法と 10 進法との対応を示す．

4.2.4 2 進法と 10 進法との基数変換

この後，2 進法のことを 10 進法を用いて説明していくために，つぎの表記法を導入しよう．すなわち，括弧で括って下付添字で基数を示す表記法である．たとえば，$(2019)_{10}$ は 10 進法の「2019」を，$(1100)_2$ は 2 進法の「1100」を意味する．

ある基数で記述された数を別の基数の数に変換することを，**基数変換**という．まず，2 進法から 10 進法への基数変換の方法について説明する．これは，定義どおりに計算すればよい．つまり，各桁は下位（右側）から順に，1 桁目は 2^0 = 1，2 桁目は 2^1 = 2，3 桁目は 2^2 = 4，4 桁目は 2^3 = 8，5 桁目は 2^4 = 16，…で，各桁の値が「0」ならそれが無い，「1」ならそれが 1 つだけある，ということを実際に計算すればよい．

たとえば，$(10101)_2$ を 10 進法に変換するときの計算を次式に示す．

$$(10101)_2 = 2^4 \cdot 1 + 2^3 \cdot 0 + 2^2 \cdot 1 + 2^1 \cdot 0 + 2^0 \cdot 1$$
$$= 16 \cdot 1 + 8 \cdot 0 + 4 \cdot 1 + 2 \cdot 0 + 1 \cdot 1$$
$$= 16 + 4 + 1 = (21)_{10} \tag{4.1}$$

つぎに，10 進法から 2 進法への基数変換の方法について説明する．これは，すべての金種のお札や硬貨が十分にある状態で，お金を支払う要領である．ただし 5000 円札，50 円玉，5 円玉は使わない．たとえば，2019 円をそういう状態で支払うなら，その金額以下で一番大きな金種の 1000 円札を 2 枚，残った 19 円以下で一番大きな金種の 10 円玉を 1 枚，また，残った 9 円以下で一番大きな金種の 1 円玉を 9 枚支払う．

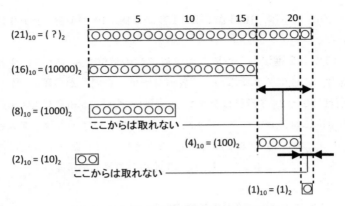

図 4.5 $(21)_{10}$ を 2 進法に変換するときの考え方

　これと同じ要領で，$(21)_{10}$ を 2 進法に変換してみよう．その考え方を図 4.5 に示すので，これを見ながら説明を読んでいただきたい．

　まず，$(21)_{10}$ 以下で一番大きい 2 の冪乗の数である $(16)_{10} = (10000)_2$ を $(21)_{10}$ から引く．残った $(5)_{10}$ 以下で一番大きい 2 の冪乗の数は，$(8)_{10} = (1000)_2$ は飛ばして $(4)_{10} = (100)_2$ である．これをさらに引くと残りは $(1)_{10}$ で，それ以下で一番大きな 2 の冪乗の数は，$(2)_{10} = (10)_2$ は飛ばして $(1)_{10} = (1)_2$ である．最後にこれを引いて 0 となる．後から引いた数を足し合わせるとつぎのように

$$(21)_{10} = (16)_{10} \cdot 1 + (8)_{10} \cdot 0 + (4)_{10} \cdot 1 + (2)_{10} \cdot 0 + (1)_{10} \cdot 1$$
$$= (10000)_2 \cdot 1 + (1000)_2 \cdot 0 + (100)_2 \cdot 1 + (10)_2 \cdot 0 + (1)_2 \cdot 1$$
$$= (10101)_2 \tag{4.2}$$

となり，$(10101)_2$ が得られる．

　このことをシステマティックに行う計算法を説明する．ポイントは，ある数以下で一番大きい 2 の冪乗の数を，いかにして次々に見つけていくか，ということである．

　上記と同じように，$(21)_{10}$ を 2 進法に変換することを例に，その筆算の方法を図 4.6 に示す．ある数，ここでは $(21)_{10}$ 以下で一番大きい 2 の冪乗の数を見つけるために，$(21)_{10}$ を商が 1 になるま

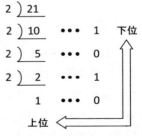

図 4.6 10 進法から 2 進法への基数変換の筆算

で2で割り続ける．割るとき，剰余を「…」の右側に書いていく．この場合は，2で4回割ることができたので，その数は2の4乗，すなわち16である．この16が最上位で，以下，それぞれの剰余を下から上に位取って，下位に向かって並べていけば，出来上がる数値が $(21)_{10}$ を2進法にしたものになる．

その原理を式で書くと，つぎのようになる．図4.6と見比べて理解していただきたい．

$$
\begin{aligned}
(21)_{10} &= 2 \cdot 10 + 1 \\
&= 2 \cdot (2 \cdot 5 + 0) + 1 \\
&= 2 \cdot (2 \cdot (2 \cdot 2 + 1) + 0) + 1 \\
&= 2 \cdot (2 \cdot (2 \cdot (2 \cdot 1 + 0) + 1) + 0) + 1 \\
&= 2^4 \cdot 1 + 2^3 \cdot 0 + 2^2 \cdot 1 + 2^1 \cdot 0 + 2^0 \cdot 1 \\
&= (10101)_2 \tag{4.3}
\end{aligned}
$$

4.2.5　2進法の加算

2進法の加算は，10進法の加算と同様に，各桁ごとに加算を行い，基数になったら上位の桁に繰り上げる．2進法では，各桁の値は0か1だから，各桁の演算はつぎの4通りしかない．すなわち，$0+0=0$，$0+1=1$，$1+0=1$，そして，$1+1$ は $1+1=10$ となり，繰り上がりが生じる．

図4.7は，2進法の加算の例として，$(1011)_2$ と $(111)_2$ との加算の筆算を書いたものである．各桁で上記の演算が行われて，$(10010)_2$ が得られることを確認していただきたい．また，$(1011)_2 = (11)_{10}$，$(111)_2 = (7)_{10}$ だから，その結果が $(10010)_2 = (18)_{10}$ となっていることを確かめていただきたい．

$$
\begin{array}{r}
1011 \\
+\ \ \ 111 \\
\hline
10010
\end{array}
$$

図4.7　2進法の加算

4.2.6　2進法の減算

コンピュータでは，ハードウェア構造を単純化するため，減算も加算と同様に加算回路で行う．これを可能にするのが，**2の補数**（2's complement）による表現である．

この2の補数を説明する前に，まずはとても日常的な図4.8の時計の例を考

える．単純化のため，ここでは「分」だけのことに話を絞る．いま，この時計の分針は11分を指しているが，本当の時刻は6分である．このためあなたは時計の針を5分戻したいと思う．ところがこの時計は，時間を戻すことはできず，できるのは時間を進めることだけである．あなたならどうするであろうか．

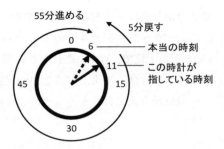

図4.8 55分進めることで5分戻す

　この問いに対するほとんどの人の答えは，「55分進める」というものだと思う．そうすると，分針は文字盤を1周して6分のところに来るからである．つまり，11＋55＝66，分針だけに注目すれば6分ということである．ここで，「5分戻す」なら「55分進める」というときの「55」という数値を，聡明なみなさんは一瞬のうちにはじき出したと思うが，これをどうやって求めたか振り返っていただきたい．そうすると，1周である「60」から戻したい「5」引いた残りとして「55」を得たことに気づくであろう．時計の針を進めることは加算に相当し，それを戻すことは減算に対応する．これが，2の補数による減算の原理である．

　数aに対する2の補数bとは，aとbを足し合わせたときに繰り上がって，扱う数の桁数より1つ上の桁が1で，ほかの桁が全部0になる数である．たとえば，4桁の数の場合，aに対する2の補数bとは，aとbを足し合わせたときに繰り上がって，$(10000)_2$になる数である．これは，2進数の性質により簡単に求めることができる．すなわち，元の数aの各桁の0と1を反転させてから，最下位の桁に1を加えれば，2の補数bを得ることができる．

　2の補数を使って，2進数の減算を実際に行ってみよう．その例として，$(0110)_2$－$(0011)_2$を図4.9に示す．まず，$(0011)_2$の補数を求める．これは，上記の操作により$(1101)_2$となる．ここで，$(0011)_2$と$(1101)_2$を足すと$(10000)_2$になることも確認してほしい．そして$(0110)_2$と$(1101)_2$との和を求めると，$(10011)_2$となり，元の4桁だけ取り出して，回答として$(0011)_2$を得ることができる．最後に，$(0110)_2 = (6)_{10}$，$(0011)_2 = (3)_{10}$であるから，結果の$(0011)_2$

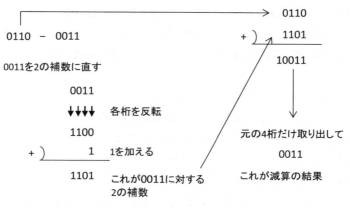

図 4.9 2の補数を用いた減算

表 4.5 2の補数表現による 4 桁の 2 進数と 10 進法との対応

2 進数	10 進数	2 進数	10 進数
1000	−8	0000	0
1001	−7	0001	1
1010	−6	0010	2
1011	−5	0011	3
1100	−4	0100	4
1101	−3	0101	5
1110	−2	0110	6
1111	−1	0111	7

$= (3)_{10}$ が正しいことを確認していただきたい.

つまり，2の補数は負の数を表現しているのである．このとき，最上位の桁は符号を表し，0ならば正の数，1ならば負の数を示す．残りの桁でそれぞれの数値を表す．表 4.5 に 4 桁の 2 の補数表現の 2 進数をまとめ，10 進数と対応させて示す．

4.3　文字の記述

前節で数を各桁が 0 と 1 とで構成される形式で表現したように，文字を同様の形式で表現することを考える．それには，各文字を 2 値表現されたそれぞれの数値に対応させればよい．そうすれば，文字をコンピュータで扱ったり，

通信したりすることが可能となる．このような対応付けをしたものを**コード**（code）と呼ぶ．コードは，JIS X 0004 に「04.02.01　第 1 の集合の要素を第 2 の集合の要素に対応付けさせる規則の集まり．」と定義されている[4.8]．

4.3.1　ASCII コード

初期のコードとしては，**ASCII**（American Standard Code for Information Interchange）**コード**がある．これは 1963 年に ANSI（American National Standards Institute）により制定された．これは 7 [bit] を使っているので，$2^7 = 128$ 個の文字を記述できるが，このコードでは 0 から 32 までは制御コードとして用いられ，残りが文字コードとなっている．もともと数字，アルファベットの大文字と小文字，および基本的な記号を記述したかったので，これだけで足りたのである．

4.3.2　JIS コード

日本語では，仮名だけでもアルファベットの 2 倍くらいあるので，1969 年，1 [byte] を用いた JIS コードが JIS X 0201 として制定された[4.8]．これを図 4.10 に示す．この図から分かるように，前半の 7 [bit] が英数字記号で，世界標準となった ASCII コードを踏襲している．ただし，一部だけ置き換えられている文字がある．そして後半の 7 [bit] に片仮名が配置されている．また，図で「JIS X 0211 の C0 集合」，「JIS X 0211 の C1 集合」とあるのは，JIS X 0211 で制定されている制御文字のことである．

もちろん，片仮名だけでなく，ひらがなやたくさんの漢字もコード化しないと，実用的な日本語の情報処理はできない．そこで，1978 年になって，「JIS C 6226　情報交換用漢字符号系」が制定され，6,349 字の漢字と 453 字の非漢字とそれらの位置符号とが規定された[4.9]．このコードでは，1 文字を 2 [byte] で定義している．

4.3.3　Unicode

さまざまな国が文字のコード化を図ると，当然ながら文字コードの種類が増大するという問題が生じる．そこで，2 [byte] を用いて世界中の文字を統一

	0	1	2	3	4	5	6	7	8	9	10	11	12	13	14	15
0			SP	0	@	P	`	p			未定義	ー	タ	ミ		
1			!	1	A	Q	a	q			。	ア	チ	ム		
2			"	2	B	R	b	r			「	イ	ツ	メ		
3			#	3	C	S	c	s			」	ウ	テ	モ		
4			$	4	D	T	d	t			、	エ	ト	ヤ		
5			%	5	E	U	e	u	JIS X		・	オ	ナ	ユ		
6			&	6	F	V	f	v	0211の		ヲ	カ	ニ	ヨ		
7	JIS X		'	7	G	W	g	w	C1集合		ア	キ	ヌ	ラ	未定義	
8	0211の		(	8	H	X	h	x	又は		ィ	ク	ネ	リ		
9	C0集合		)	9	I	Y	I	y	空き		ゥ	ケ	ノ	ル		
10			*	:	J	Z	j	z	領域		ェ	コ	ハ	レ		
11			+	;	K	[	k	{			ォ	サ	ヒ	ロ		
12			,	<	L	\	l	|			ャ	シ	フ	ワ		
13			-	=	M	]	m	}			ュ	ス	ヘ	ン		
14			.	>	N	^	n	~			ョ	セ	ホ	゛		
15			/	?	O	_	o	DEL			ッ	ソ	マ	゜		

図4.10　JIS X 0201 のコード

的に扱う仕組みを作ろうという開発が始まった．これが **Unicode**（ユニコード）である．しかし，規格の統一には利害対立がつきもので，これをどう克服するのか今後の動向が注目されている．

課　題

4.1 4.1節では，文字によらない日常の中の情報記述として，地図記号，道路標識，ピクトグラムを取り上げた．ほかにもそのような例を挙げ，その特徴を考察せよ．

4.2 つぎの2進数を10進数に変換せよ．

(1) $(11001)_2$　　(2) $(101010)_2$　　(3) $(1001001)_2$　　(4) $(1010101)_2$
(5) $(1110000)_2$

4.3 つぎの10進数を2進数に変換せよ．

(1) $(31)_{10}$　　(2) $(48)_{10}$　　(3) $(77)_{10}$　　(4) $(88)_{10}$　　(5) $(100)_{10}$

4.4　つぎの 2 進数同士の加算をせよ.

(1)　$(1010)_2 + (11)_2$　　　　(2)　$(1010)_2 + (111)_2$　　　　(3)　$(10101)_2 + (10001)_2$

(4)　$(10001)_2 + (1111)_2$　　　(5)　$(10101)_2 + (10010)_2$

4.5　つぎの 5 桁の 2 進数同士の減算を, 2 の補数を用いて計算せよ.

(1)　$(01010)_2 - (00011)_2$　　(2)　$(01010)_2 - (00111)_2$

(3)　$(10101)_2 - (10001)_2$　　(4)　$(10001)_2 - (01111)_2$

(5)　$(10101)_2 - (10010)_2$

参 考 文 献

[4.1]　国土交通省, 国土地理院；国土地理院概要
　　　https://www.gsi.go.jp/kikakuchousei/kikakuchousei40194.html
　　　(2020 年 9 月 7 日確認).

[4.2]　国土交通省, 国土地理院；地図記号：項目別一覧
　　　https://www.gsi.go.jp/KIDS/map-sign-tizukigou-h00tizukigou.htm
　　　(2020 年 9 月 7 日確認).

[4.3]　国土交通省；道路標識等
　　　http://www.mlit.go.jp/road/sign/sign/
　　　(2020 年 9 月 7 日確認).

[4.4]　国土交通省；案内用図記号 (JIS Z 8210) (令和元年 7 月 20 日)
　　　https://www.mlit.go.jp/sogoseisaku/barrierfree/sosei_barrierfree_tk_000145.html
　　　(2020 年 9 月 7 日確認).

[4.5]　公益財団法人交通エコロジー・モビリティ財団；標準案内用図記号
　　　http://www.ecomo.or.jp/barrierfree/pictogram/picto_top2017.html
　　　(2020 年 9 月 7 日確認).

[4.6]　経済産業省；日本工業規格 (JIS) を制定・改正しました (平成 29 年 7 月分)〜案内
　　　用図記号などの JIS を制定・改定〜
　　　https://www.meti.go.jp/press/2017/07/20170720002/20170720002.html
　　　(2020 年 9 月 7 日確認).

[4.7]　経済産業省；温泉マークは選択制へ. ご意見も募集中です
　　　https://www.meti.go.jp/main/60sec/2017/20170203001.html
　　　(2020 年 9 月 7 日確認).

[4.8]　日本規格協会；JIS ハンドブック 64　情報基本, 2016.

[4.9]　情報処理学会；JIS C 6226 情報交換用漢字符号系の制定
　　　http://museum.ipsj.or.jp/computer/main/0111.html
　　　(2020 年 9 月 7 日確認).

第5章　自然をどう「情報」化するか
物理的な対象の記述について

　前章では,「伝えたい情報」として人為的な情報の記述について学んだ. しかし人は, 人為的な情報のほかにも自然の姿を伝えたい, 取っておきたい, それらのために情報として記述したい, と望むようになる.「はじめに」でも書いたように, 情報というものは時代とともにあるものなので, それらのことを可能にする技術が次々と開発され, 現在では私たちはその恩恵に浴している. 本章では, これらの技術について学ぶ.

5.1　アナログとデジタル

　2020年1月の日本経済新聞の第5面(「総合4」)には,「**税制デジタル対応焦点　政府税調, 議論を再開**」という記事があり,「働き方の変化や経済のデジタル化に対応した中期的な税制の在り方を探る.」ということが報じられていた[5.1]. また, その第7面(「総合5」)には, 大手スーパーで23年ぶりに社長交代があり, その新体制で, これまでの拡大路線を見直してデジタル化を進めるということが報じられていた[5.2]. このようにデジタル化については毎日のように新しい話題があり, 時代の趨勢である. これらの「デジタル化」は, 実店舗に対するオンラインショップやICTの活用という意味で使われているが, デジタルは情報の象徴である. 本節では, このデジタルということをアナログと比較して説明する.

5.1.1　連続と離散

　「自然の姿」と上述したが, それはあくまで「人から見た自然の姿」, あるいは「人が見たり聞いたりして意味のある自然の姿」という意味である. そういう意味での自然は, 時間的にも空間的にも物理的にも連続的な量である. たとえば, 冬の日, 部屋に入ったら8℃で寒かったから, 設定温度を22℃にしてエアコンをつけたとする. このとき, 室温が瞬時に8℃から22℃になることはない. 必ず途中の温度を連続的に経て室温が上昇していく. このような連続的に

変化する量のことを**アナログ**（analog）**量**という.

　これに対し，離散化した量のことを**デジタル**（digital）**量**と呼ぶ．アナログ量である自然をデジタル量に置き換えることにより，前章までで学んできた情報記述の方法，すなわち 0 と 1 との並びによる表現方法が可能となる．そして私たちは自然のものをコンピュータで扱ったり，ネットワークを介して伝えたりすることができるのである.

5.1.2　標本化と量子化

　アナログ量である自然のものを，情報処理のためのデジタル量に変換することをデジタル化という．その方法と理論について説明する.

　図 5.1 の曲線は，ある 1 日の気温の変化を示している．この気温はアナログ量であり，連続的に変化している．これをデジタル量に変換するためには，2 つの離散化が必要である．1 つ目の離散化は，横軸である時間軸の離散化である．これは，対象となる量，ここでは気温を一定時間間隔で抽出することで実現される．この作業を**標本化**（sampling）という．2 つ目の離散化は，縦軸である対象の量，気温の離散化である．これは，連続的に変化している量を，あらかじめ用意された離散的な値の集合のいずれかの要素で代表させることである．この作業を**量子化**（quantization）という.

　図 5.1 の気温の変化は関数として考えると，横軸の時間は独立変数で，縦軸の気温はその従属変数となる．したがって，標本化は独立変数の離散化で，量

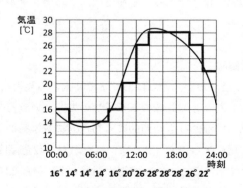

図 5.1　気温の変化のデジタル化

子化は従属変数の離散化ということができる.

　標本化という作業は，対象となる量を一定間隔の時間でしか報告しないことなので，その報告と報告との間の変化は切り捨てられることになる．また，量子化は，連続的に変化する値を，離散的な値のいずれかで代表させるので，その段階と隣の段階との間の変化は，やはり切り捨てられる．すなわち，デジタル化ということは，元のアナログ量が持つ情報をすべて変換するのではなく，近似として変換するのである.

　図 5.1 の例では，時間は 2 時間ごとに標本化されており，気温は 2℃ ごとに量子化されている．当然，もっと短い時間間隔で標本化したり，もっと細かい温度間隔で量子化すれば，切り捨てられる情報は減り，近似の精度は向上する．このため，デジタル化するときにはどこまでの精度で標本化と量子化を行うべきかを決めなければならない．この点について，考察を進める.

5.1.3　標本化定理

　図 5.2 は，周期 T で変化するアナログ量を標本化する様子を示している．この信号の周波数は $1/T$ である．標本化は一定時間間隔で行われるが，この時間間隔をサンプリング周期といい，その逆数をサンプリング周波数という．図 5.2 の例では，サンプリング周期は T_s で，サンプリング周波数は $1/T_s$ である.

　この信号を再現するためには，どれだけのサンプリング周波数が必要か，つまりどれだけ頻繁に元のアナログ量を抽出しなければならないか，ということがデジタル化の際に問題となる．その答えを示してくれるのは，**標本化定理**（sampling theorem）である.

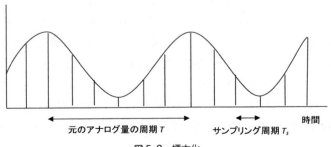

図 5.2　標本化

　この定理は，元のアナログ量の変化の周波数の2倍のサンプリング周波数があれば元の変化は復元できる，と教える．周期でいえば，元の周期の半分の周期ということになる．また，複数の周期が重なった変化の場合には，最大の周波数を考えればよい．

　サンプリング周波数の1/2の周波数 $1/(2T_s)$ を**ナイキスト周波数**（Nyquist frequency）という．ナイキスト周波数よりも高い周波数が元のアナログ量の変化に含まれていた場合，正しく復元することはできない．

5.1.4　量子化幅

　図5.1の例では，気温の量子化の間隔，すなわち量子化幅は2℃であった．この場合，24.2℃，25.135℃は，それぞれ24℃，26℃に変換される．元のアナログ量の24.2℃，25.135℃が真値であるとすると，変換後の値はそれぞれ $24.2 - 24 = 0.2$，$25.135 - 26 = -0.865$ の違いがあることになる．この違いのことを**量子化誤差**（quantization error）という．

　一般に，量子化幅を小さくすれば量子化誤差を抑えることができる．では，この量子化幅を決める要因は何であるか，について考える．

　その第1は，元のアナログ量の測定精度である．上記の25.135℃という気温は実際にはあまり聞かない．普通はそれだけの精度で測定しない，あるいはできないからであろう．測定値やそこから導かれた計算値のうちで意味のある桁数のことを有効数字（significant figure）というが，それ以上の量子化をしても意味がない．

　その第2は，量子化後に要するビット数である．量子化とは元のアナログ量を，あらかじめ用意された離散的な値の集合のいずれかの要素で代表させることであると述べたが，要するビット数とはいいかえれば，その要素をどれだけたくさん用意しておくかということである．多くのビット数を用いれば，記録に必要な容量も大きくなるし，情報処理の負荷も大きくなるので，それらのこととのトレードオフの問題となる．

　その第3は，人の特性，特に，生物としてのヒトの生理的特性である．量子化された情報が使用されるときには再び元の姿として再現される．それはたとえば，景色の画像であったり，音楽の音声であったりする．それらの画像や音

声を楽しむのはヒトであり，逆にいえばヒトが楽しめればよいのである．したがって，生物としてのヒトの知覚能力を超える再現性があってもそれは無駄として，必要な量子化幅を決めることができる．

5.2　画像の記述

画像の情報処理技術は静止画にせよ動画にせよ，私たちがもっとも身近に接するものの1つである．いまはスマホでいつでも撮影し，送信あるいは受信し，閲覧・再生することができる．本節では，元の自然の姿がどのように画像情報として記述されているのかということについて学ぶ．

5.2.1　静止画像の標本化

静止画像は，2次元空間に白と黒あるいはさまざまな色がそれぞれの位置を占めたものである．前節の気温の変化の例では独立変数は時間であったが，静止画像ではこの2次元空間上の位置が独立変数となる．したがって，これを標本化する必要がある．

連続した2次元の座標値を離散化すれば，画像の位置を代表する点が縦と横に格子状に並んだものとなる．この画像の位置を代表する1つひとつの点のことを**画素**（pixel）という．

同じ広さの画像をたくさんの画素で記述すれば画像の細かいところまで記述できるし，少ない画素で記述すれば粗い画像しか表せない．この画像を記述するために使われる画素の密度のことを**解像度**（resolution）という．

モニターの場合は，そのモニターのサイズとこれを構成している画素数とが別々に示される．たとえば，いま筆者がこの原稿を書いているパソコン（2013年2月出荷のもの）は，13.3インチワイド画面で画素数が1,600×900である．

放送やビデオを見るテレビのモニターの場合には，モニターサイズは家庭側のテレビ受像機で決まり，画素数はテレビ局側の放送形式や再生するビデオ側の記録形式で決まる．最近話題の4K放送ができたことも，画面サイズの大型化に対して解像度を確保する意味がある．総務省の「4K放送・8K放送情報サイト」には，「2018年12月1日，新4K8K衛星放送が始まりました！」としてこの放送とその政策について解説している[5.3]．アナログ放送の時代の画素

数は 640×480 程度であったものが，ハイビジョンの 1,280×720，フルハイビジョンの 1,920×1,080 と画素数が増加してきて，4 K の 3,840×2,160，8 K の 7,680×4,320 と現在に至っている．その背景には，モニターサイズの大型化にある．もともとブラウン管のテレビ受像機では大型化は難しく，液晶モニターが登場しても当初は，ブラウン管のものと同じ程度の画面サイズであった．しかし，奥行きのない液晶モニターは大型化しても家庭に置けるため，大画面化が進んだ．その結果，解像度を保つため，その分画素数も増大させることとなった．

　これに対し，プリンタなどで画像を印刷したり，スキャナで画像を読み込んだりする場合の解像度は，単位長さ当たりの画素数で表す．その単位として使われるのが **dpi**（dot per inch）である．これは，1 インチ当たりの画素数を意味する．

　この dpi の値が低すぎると画像が粗くなって見にくくなるし，逆に dpi の値が高すぎるとファイルサイズが大きくなりすぎて扱いにくくなる．このためしばしば，画像の提出を求める場合に適切な dpi の値が指定される．たとえば，電子情報通信学会和文論文誌では著者紹介用写真の電子データを 300 dpi で提出することを求めている[5.4]．

5.2.2　静止画像の量子化

　静止画の量子化は，各画素が何を表すかにより必要なビット数が決まる．たとえば，白い紙に黒いペンで書いたものを画像として記述する場合には，各画素が持つべき値は白か黒かの 2 値であるから，各画素当たり 1 [bit] の情報があればよい．

　そして水墨画やモノクロ写真のように白と黒との間のグレーもある場合には，そのグレーの濃さ（諧調）により必要なビット数が決まる．一般的によく用いられるのは 8 [bit] を用いた 256 諧調である．

　さらにカラー画像の場合には，各画素は色の情報も持たなければならない．色を人工的に作るには，**原色**（primary colors）という元になる色を用いてそれぞれの色を合成するのであるが，モニターなどのように原色の光を重ねてそれぞれの色を合成する場合と，プリンタのように原色のインクを混合してそれぞれの色を合成する場合とでは，原色や合成法が異なる．

光を重ねて色を合成することは**加法混色**と呼ばれ，色を加えるにしたがい明るくなる．これに用いられる三原色は赤（red），緑（green），青（blue）であり，これらの頭文字を取ってしばしば「RGB」と呼ばれる．一般的なモニターは，R，G，Bそれぞれに対し 8 [bit] の輝度情報を持つ．これは，三原色それぞれに対し 256 諧調の発光の強さを記述していることになり，その結果表現することのできる色の数は $(2^8)^3 = 256^3 = 16,777,216$ 色となる．

一方，インクを混合して色を合成することは**減法混色**と呼ばれ，色を加えるにつれて暗くなる．これに用いられる三原色はシアン（cyan），マゼンタ（magenta），黄（yellow）である．ここで，シアンとは緑がかった明るい青で，マゼンタとは明るい赤紫である．しかし実際の多くのプリンタでは，これらに黒を加えた CMYK による色合成が用いられる．これは，C，M，Y の三原色を均等に混ぜ合わせてもなかなかきれいな黒にはならないことと，プリンタで使われる色は黒が多いことによる．

5.2.3 動 画

動画は，動きに合わせて少しずつ違った静止画を次々に見せて，ヒトの視覚の残像効果により動きを感じさせるものである．つまり，本来は連続的な動きであったものを，ある一定間隔で抽出する標本化が行われる．当然，動きに合わせた違いを小刻みにして，短い間隔で多くの静止画を見せる方が滑らかな動きを感じさせる．動画において，単位時間にどれほどの数の静止画を見せるかということを**フレームレート**と呼び，1秒当たりに見せる静止画の数を **fps**（frames per second）という単位で表す．一般に，映画のフレームレートは 24 [fps]，テレビのフレームレートは 30 [fps] といわれている．

5.3 音声の記述

音声の情報処理技術も画像と並んで，私たちにとって身近なものである．いまは通学通勤などの移動の最中や，何かの作業をしながらでも，デジタル化された音楽を楽しむことができる．本節では，この音声の情報処理技術について学ぶ．

空気の粗密波をヒトや動物は音声として聞く．ヒトの可聴領域は個人差はあ

るが, 下が 20 [Hz] 程度から, 上は 15,000 [Hz] から 20,000 [Hz] 程度である[5.5]. これをデジタル化することを考える.

　音声をデジタル化するためには, やはりサンプリング周波数と量子化幅を決める必要がある. 音楽を聴くのによく使用される CD のサンプリング周波数は 44,100 [Hz] である. これは, 前述の標本化定理に基づき, 可聴域上限の 20,000 [Hz] の約 2 倍の周波数としたからである. そして CD では, 量子化は 16 [bit] で, ステレオのため 2 チャンネル分行われる.

5.4　符号化と圧縮

　標本化と量子化によりデジタル化されたデータは, 最終的には 0 と 1 の組合せにより記述し, 保管や伝送をする. そのとき, 標本化と量子化により数量化されたそれぞれの値をそのまま 2 進数で記述するのではなく, 元の情報の性質に着目して効率の良い記述の仕方をすることが望まれる. その方法が符号化である.

5.4.1　ハフマン符号

ハフマン符号（Huffman coding）は, よく現れるデータには短い符号を割り当てることにより, 全体としての記述の長さを節約する方法である. このように, 単純な符号化よりも短い符号で記述することを, **圧縮**（compression）という.

　例として, つぎの文字列を符号化することを考えよう.

CABACBAAADAABACABA

　この文字列で用いられている文字は 4 種類であるから, もっとも素朴な方法は, 各文字に 2 [bit] の符号を与えるものである. たとえば, A を 00 で, B を 01 で, C を 10 で, D を 11 で, それぞれ表す. そうすると, 上記の文字列全体は, つぎの符号で表現される.

10 00 01 00 10 01 00 00 00 11 00 00 01 00 10 00 01 00

　ここで, 2 桁ごとにスペースを入れているのは, 元の文字と符号との対応を分かりやすくするためで, 実際にはないものと考えてほしい. 以降でも同様である. 文字の数は 18 個であるから, 当然符号の長さは 36 [bit] となる.

さて，この文字列をよく見てみると，4種類の文字の出現頻度にはばらつきがあることに気づく．数えてみると，A は 10 回，B は 4 回，C は 3 回，D は 1 回出現している．めったに現れない文字に与える符号は長くなっても，よく現れる文字に与える符号を短くすれば，全体の長さを節約することが可能である．これがハフマン符号である．

ハフマン符号を作る手順はつぎのとおりである．

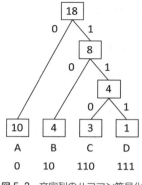

図5.3 文字列のハフマン符号化

step 1）出現頻度のもっとも少ない文字とつぎに少ない文字に，0と1を割り当てる．

step 2）それらの文字を1つにまとめ，その出現頻度はそれぞれの和とする．

step 3）全体が1つにまとまるまで，上記を繰り返す．

この手順を上記の文字列に適用すれば，図5.3のようにして，A, B, C, D それぞれに 0, 10, 110, 111 を得ることができる．実際，出現頻度の高い文字には短い符号が，低い文字には長い符号が，それぞれ与えられている．これらにより，上記の文字列を記述すればつぎのようになる．

110 0 10 0 110 10 0 0 0 111 0 0 10 0 110 0 10 0

この符号の長さは 30 [bit] であり，上記の 36 [bit] よりも短くなっている．

ハフマン符号は，元の情報を完全に復元することができる．このような圧縮法を**可逆圧縮**（lossless compression）という．

5.4.2 ランレングス圧縮

ランレングス圧縮（run length encoding）は，同じデータが連続する長さで符号化する方法であり，同じデータがよく続くときに効果を発揮する．

例として，つぎのデータを符号化することを考えよう．

00000001100000011000001110000000

このデータは0と1の2つの要素からできており，全体で 32 [bit] ある．

その内容は，左から，０が７つ，１が２つ，０が６つ，１が２つ，０が５つ，１が３つ，０が７つ並んだものである．したがって，０から始めることを決めておけば，7, 2, 6, 2, 5, 3, 7 で元のデータを記述することができる．各並びは 3 [bit] で記述することにすれば，上記のデータは，つぎのように表現できる．

111 010 110 010 101 011 111

これは，全体で 21 [bit] であり，上記の 32 [bit] よりも短くなっている．

もし，データが１から始まっていたら，最初の０は０回繰り返されたとすればよい．また，たとえば８つ以上の０が並ぶときは，間の１が０回繰り返されたとして，７つまでの数で分割して表現すればよい．

ランレングス圧縮が効果を発揮する好例としてしばしば挙げられるものがファクシミリである．ファクシミリでは，白い紙に書かれた文字を読み取ることが多いので，これを横に読み取っていくと，白が続き，文字の線の太さの分だけ黒が現れて，また白が続く，ということを繰り返す．したがってこの方法による圧縮の効果も高いのである．

ランレングス圧縮も，可逆圧縮の１つである．

5.4.3　JPEG 圧縮

静止画のファイル形式の１つである JPEG は，ヒトの感覚では知覚できない高周波成分の情報を切り捨てることにより，高い圧縮率を達成している．しかしこのことにより，元の情報を完全に復元することはできない．このような圧縮法を**非可逆圧縮**（lossy compression）という．

これに対し，静止画のファイル形式でも，GIF や PNG は可逆圧縮をしている．また，BMP は圧縮をしていない．

5.5　標本化，量子化，符号化の流れ

本章の最後に，標本化，量子化，符号化の流れを図 5.4 を用いて説明する．

この図の①は元のアナログの画像であり，この例では，白い紙の上に書いた黒い字である．これを，8 × 8 の画素数で標本化したものが，②である．元の文字の黒い線が各画素に掛かっている割合がたとえば 50% 以上なら黒，そうでなければ白というように基準を決めて，画素の色を決める．白なら 0，黒な

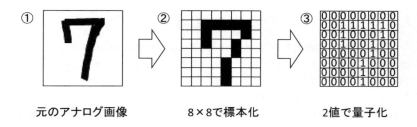

元のアナログ画像　　　　8×8で標本化　　　　2値で量子化

④　1行目から取り出して並べ，これを0から始めて
3 [bit]のランレングス圧縮で符号化

0000000000001111110000100010 ● ● ●

1行目　　　　2行目　　　　3行目

111 000 011 101 011 001 011 001 ● ● ●

図5.4　標本化，量子化，符号化の流れ

ら1の2値で量子化したものが，③である．

　さらに④に示すように，この0と1の並びを1行目から順に取り出して1列に並べ，これをランレングス圧縮する．ここでは，0から始めることとし，0と1の並びの数は3 [bit] で数えることとする．しかし，最初の0の並びは10個あり，3 [bit] では表せない．そこで，最初の0の並びは $(7)_{10} = (111)_2$，つぎの1の並びが $(0)_{10} = (000)_2$ で，その後の0の並びが $(3)_{10} = (011)_2$ として，2回に分けて数える．この図では，3行目の2回目の1の並びまで示している．

課　題

5.1　5.4.1項では，ハフマン符号を出現頻度で説明した．これを一般化すれば，出現確率で考えることができる．A, B, C, D の文字があり，それぞれの出現確率が，0.3, 0.1, 0.5, 0.1 であるものとする．このとき，各文字にハフマン符号を与えよ．

5.2　つぎのデータを，ランレングス圧縮せよ．ただし，0から始めるものとし，各並びは3 [bit] で記述せよ．

110000001110010000000

参 考 文 献

［5.1］　「税制デジタル対応焦点　政府税調, 議論を再開」, 日本経済新聞, 2020 年 1 月 11 日, 5 面.

［5.2］　「新体制でデジタル化急ぐ　イオン, 23 年ぶり社長交代　店舗拡大路線見直しへ」,
日本経済新聞, 2020 年 1 月 11 日, 第 16 面.

［5.3］　総務省；4K 放送・8K 放送情報サイト
https://www.soumu.go.jp/menu_seisaku/ictseisaku/housou_suishin/4k8k_suishin.html
（2020 年 9 月 12 日確認）.

［5.4］　電子情報通信学会；電子情報通信学会和文論文誌投稿のしおり（基礎・境界ソサイ
エティ）
https://www.ieice.org/jpn/shiori/ess_2.html#2.5
（2020 年 9 月 12 日確認）.

［5.5］　Frequency range of human hearing, in Glenn Elert（Ed）；The Physics Factbook
https://hypertextbook.com/facts/2003/ChrisDAmbrose.shtml
（2020 年 9 月 12 日確認）.

第6章 「情報」をどう扱うか

アルゴリズムについて

外部からもたらされた情報が，その後も形を変えず，その利用が人の能力に
ゆだねられたままであったなら，現代の「情報」への進展はあり得なかったで
あろう．コンピュータの登場が情報に関する世界を一変させた．コンピュータ
による**情報処理**（information processing）は，得られた一連の情報を操作し
てそこからさらに価値の高い情報を導き出すことを可能にし，このことが，「情
報」の意味合いを変貌させたのである．そして，情報をどう扱うかということ
が現代社会に欠かせない技術となった．

6.1 アルゴリズムの基本

この節では，情報をコンピュータで扱うために必要なアルゴリズムについて
説明する．

6.1.1 ソフトウェア，アルゴリズム，プログラム

「ソフトウェア」，「アルゴリズム」，「プログラム」，これら3つの用語はあま
り区別されずに使われることも多い．また，入門書でも「ソフトウェアとはプ
ログラム（とデータ）のことである」と書かれているものもしばしば見掛ける．
しかし，情報を考えるときは，これらの言葉の意味の違いを考えるべきである．

旧来の機械は人がリアルタイムで操る手動機械であった．時が経つとこれが
進化し，最初のきっかけを与えるだけで後は機械が一連の作業を実行する自動
機械となった．たとえば江戸時代の日本では，客人にお茶を運んだり，舞いを
披露したりするからくり人形が人々の人気を集め，大名や豪商がこれを所有し
た．初期の自動機械は固定された一連の作業を実行するだけの専用機であった
が，その中から，外部から与えるものにより任意の作業系列をこなすものが現
れた．たとえば19世紀のヨーロッパでは，シリンダー式のオルゴールが現れ，
そのシリンダーを交換すれば別の曲を奏でることができた．その後，高価なシ
リンダーの代わりにディスクと呼ばれる円盤に曲を記録したディスク式オル

ゴールが開発され，王侯貴族だけでなく裕福な商人にもその普及が進んだ．これがソフトウェアの本質である．つまり，一連の作業を実行する自動機械でありながらそれは専用機ではなく，外から与えるものにより異なる作業系列の実行を可能とするものの出現が，技術の新しい扉を開いたのである．この時点で，実行する機械である**ハードウェア**（hardware）と，その実行の内容を示す**ソフトウェア**（software）が分離したのである．このことにより，作業の数だけ機械を作る必要がなくなり，1 つの機械にさまざまな仕事をさせられるようになったのである．見方を変えれば，機械を動かす仕組みの一部を，その機械を作った組織の外部の人々に開放したということになる．

　しかもコンピュータにおけるソフトウェアの意義はそれに留まらず，一般の人でも習得さえすればそのソフトウェアを自作できる仕組みを持ったことである．すなわち**プログラム**（program）である．上述のオルゴールの場合では，音楽を記録したシリンダーやディスクは工場で製作されたものを買う必要がある．これに対しコンピュータの場合は，もちろん商品として売られているソフトウェアも使用するが，自分で作ることが可能なのである．そして自分の指示したとおりに機械を操ることが可能なのである．

　では**アルゴリズム**（algorithm）とは何かと言えば，それは「どのようなやり方でやるか」ということを明記したものである．

　年賀はがきを例にして考えてみよう．日本人 1 人当たりの年賀はがきの発行枚数は，ピーク時の 2003 年には 34.9 枚であったものが，2020 年は 15.4 枚に減少した[6.1]．しかし一昔前までは，お世話になった人やなかなか会えない旧知の人などへ年末に年賀はがきを送り，正月には自分が知人からの年賀はがきを受け取ることが，日本人の慣習となっていた．年賀はがきの代表がお年玉付き年賀はがきで，正月明けにその当選番号の発表があり，人々はこぞって，自分に来た年賀はがきの番号を調べたものである．

　今年，令和 2 年の当選番号は，1 等賞：各組共通 895123，2 等賞：各組共通・下 4 桁 9406，3 等賞：各組共通・下 2 桁 67，37，16 である（簡単のため特等は考えない）[6.2]．みなさんなら，どのようなやり方で，自分に来た年賀はがきの当選番号を調べるだろうか．

　一番素朴なやりかたは，年賀はがきを 1 枚ずつめくりながら，1 等賞，2 等賞，

3等賞の当選番号と順次見比べていくものであろう.

自分に来る年賀はがきの枚数が少ない場合はこれでよいが，たくさん来る人は，もう少し工夫したやり方をする．たとえば各賞の下1桁に着目すると，3なら1等賞の可能性があり，6なら2等賞か3等賞の可能性があり，7なら3等賞の可能性があり，そのほか，つまり0, 1, 2, 4, 5, 8, 9ならどの賞の可能性もない．そこで，まず年賀はがきの中から下1桁が3, 6, 7のものをそれぞれ抜き出して3つの選抜グループを作り，その各グループに対し可能性のある賞の番号と比較するであろう.

さらに大量の年賀はがきを受け取る人は，そして下1桁の当選番号に重なりが少ない年の場合には，下1桁で0から9までのグループに分け，各グループ内で番号が昇順になるようはがきを並べるであろう．これは実質上，すべてのはがきを昇順に並べ，速く見つけられるように10個の見出しを付けることに相当している．そのほかにもいくつかのやり方が考えられるが，たぶん多くの人が自分流のやり方を，毎年この時期に実行していたことであろう.

これがアルゴリズムである．大切なことは，「やり方」を何らかの形で明文化することである．いいかえれば，その「やり方」を，ほかに解釈のしようのないただ1つの手順として記述することである．ただしこの段階では，特定のプログラムでの記述ではなく，一般性のあるものである.

6.1.2 フローチャート

アルゴリズムを表記するには，step 1, step 2, …として一連の処理を順次，数式を交えた簡潔な文で記述する方法もあるが，図として表すと処理の流れが視覚的に捉えられて分かりやすい．この図の表記法として代表的なものが**フローチャート**（flowchart）である．フローチャートは，JIS X 0121[6.3]に規格化されている．その代表的な図記号を表6.1にまとめる.

6.1.3 アルゴリズムの基本形

やり方を処理の流れと捉えて一般化すると，アルゴリズムには3つの基本形が考えられる．それらは，順次処理，分岐処理，反復処理である.

順次処理は，記述された処理を順番に1つずつ実行していく処理である．た

表6.1　フローチャートの図記号

記号	名称	内容
	データ (data)	媒体を指定しないデータを表す.
	記憶データ (stored data)	処理に適した形で記憶されているデータを表す. 媒体は指定しない.
	内部記憶 (internal storage)	内部記憶を媒体とするデータを表す.
	書類 (document)	人間の読める媒体上のデータを表す. 媒体としては, 印字出力, 光学的文字読み取り装置又は磁気インク読み取り装置の書類, マイクロフィルム, 計算記録, 帳票などがある.
	手操作入力 (manual input)	手で操作して情報を入力するあらゆる種類の媒体上のデータを表す. 例：オンラインけん盤, スイッチ, 押しボタン, ライトペン, バーコード
	表示 (display)	人が利用する情報を表示するあらゆる種類の媒体上のデータを表す. 例：表示装置の画面, オンラインインディケータ
	処理 (process)	任意の種類の処理機能を表す. 例えば, 情報の値, 形, 位置を変えるような定義された演算若しくは演算群の実行, 又は次に続く幾つかの流れの方向の一つを決定する演算若しくは演算群の実行を表す.
	判断 (decision)	一つの入口と幾つかの択一的な出口をもち, 記号中に定義された条件の評価に従って, 唯一の出口を選ぶ判断機能又はスイッチ形の機能を表す. 想定される評価結果は, 経路を表す線に近接して書く.
	ループ端 (loop limit)	二つの部分からなり, ループの始まりと終わりを表す. 記号の二つの部分は, 同じ名前を持つ. テスト命令の位置に応じて, ループの始端又は終端の記号中に, 初期化, 増分, 終了条件を表記する.
	端子 (terminator)	外部環境への出口, 又は外部環境からの入り口を表す. 例えば, プログラムの流れの開始若しくは終了, 外部参照又はデータの転移を表す.

とえば現在の洗濯機は，人が付いていなくとも一連の処理を次々に実行して洗濯という仕事をしてくれる．この洗濯機の処理の流れは順次処理である．これを図6.1に示す．

分岐処理は，ある条件を満たす場合と満たさない場合とで別々の内容を実行する処理である．例として，ある正の実数を入力してその数をMとし，その小数点以下を四捨五入する処理を考える．この場合，小数点第1位の数値が5以上か否かで処理内容が異なり，分岐処理となる．この分岐を表すのが表6.1の「判断」の記号である．全体の処理内容を図6.2に示す．ここで「＝」は両辺が等しいという意味ではなく，左辺にある変数に右辺にある値を代入するという意味である．

反復処理は，ある条件が満たされている間，同じ実行内容を繰り返す処理である．例として，正の整数を入力してその数をnとし，1からnまでの整数の和を求める処理を考える．この場合，1からnまでの整数のうちで，いまどれを扱っているのかを示す変数iを導入する．そして，反復を繰り返すごとにこのiを1ずつ増やしていって，iがnに

図6.1
洗濯機の順次処理

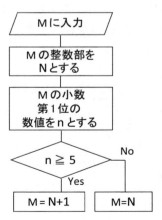

図6.2 正の実数について小数点以下を四捨五入する分岐処理

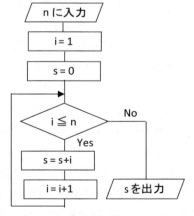

図6.3 実行内容を繰り返す反復処理

なるまでこのiを足し込んでいく．このとき，この足し込んだ値を覚えておくための変数が必要となり，これをここではsとしている．iがnを超えたら，もう足し込む必要はないので，その時点でのsの値を出力すれば，これが求める値となっている．全体の処理内容を，図6.3に示す．

6.2 代表的アルゴリズム

コンピュータを用いた処理には，さまざまな実務に現れる一般性の高い問題がある．そういう問題については，どうすれば効率よくそれを達成することができるかという観点から，アルゴリズムの研究が行われてきた．本節では，代表的アルゴリズムとして，探索アルゴリズムと整列アルゴリズムについて述べる．

6.2.1 探索アルゴリズム

再び前述のお年玉付き年賀はがきの当選番号調べのことを思い出してほしい．このように多数のデータの中から特定のものを探し出す仕事は，実務の中でしばしば現れるものであり，そのやり方は**探索アルゴリズム**（search algorithm）と呼ばれて研究されてきた．

a. 線形探索

お年玉付き年賀はがきの当選番号調べの例では，最初のやり方，すなわち年賀はがきを1枚ずつめくりながら，1等賞，2等賞，3等賞の当選番号と順次見比べていくやり方は単純化して一般化すると，ランダムに並んだ n 個の数値を1つずつ見ていき，その中にある特定の数値を見つける方法としてモデル化できる．これはもっとも素朴な探索アルゴリズムであり，**線形探索**（linear search）と呼ばれるものである．

図6.4は，線形探索の例である．1段目の括弧書きの数値8個があるが，探索する側には初めはこれらの値は分からない．77の数値を探索するものとする．線形探索で

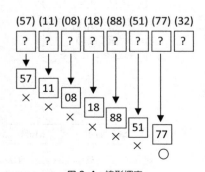

図6.4 線形探索

は,1つずつ見ていく.まず左端の数値を見ると57であり,これは77ではない.つぎにその右の数値を見ると11であり,これも77ではない.これを77が出てくるまで繰り返す.この例では,7回目に77を探し出している.

調べる対象がn個あるとき,この線形探索では何回でその特定の数値を見つけることができるであろうか.それは運が悪くてn回,平均して$n/2$回となる.アルゴリズムの処理回数の比較では,調べる対象の数nに対する増大の仕方を支配する関数の型に着目する.この場合は線形ということを重視して回数はnに比例して増大すると考える.

b. 二分探索

お年玉付き年賀はがきの当選番号調べの3番目のやり方のように,調べる対象の規模が大きくなり,探索の効率を上げなければならない場合には,事前に調べる対象の方に準備をしておく必要がある.その準備のうちで典型的なものは,一定の規則で対象を並べておくというものである.

たとえば,国語辞典の言葉は五十音順で,英語の辞書の言葉はアルファベット順に並べられている.また,Windowsの場合,パソコンでフォルダの中身を「詳細表示」させて各ファイルを属性とともに各行に表示し,特定の属性の名称のところをクリックするとその属性で並び替えが行われる.たとえば「更新日時」をクリックすると各ファイルの行が新しい順に,もう一度クリックすると古い順に並び替えられる.同様に「種類」をクリックするとアプリケーションごとに並び替えが行われ,「サイズ」をクリックするとファイルの容量で並び替えが行われる.ユーザである私たちは,このように一定の規則に従って並べられたファイルの中から,効率的に自分が望むものを見つけることができるのである.

このような場合の探索を単純化して一般化すると,昇順に並んだn個の数値の中から特定の数値を見つける問題としてモデル化できる.このような場合,私たちはどのようなやり方を採るだろうか.たいていは,並んだ数値の真ん中のものを取り出して特定の数値と比較し,その数値が特定の数値よりも小さければ後半を,大きければ前半を再び同じように調べることを繰り返すであろう.この探索アルゴリズムは,**二分探索**(binary search)と呼ばれる.

図6.5は,二分探索の例である.1段目の括弧書きの数値8個があるが,探

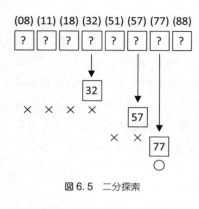

(08) (11) (18) (32) (51) (57) (77) (88)

図6.5　二分探索

索する側には初めはこれらの値は分からない．しかし二分探索では，これらの値が昇順に並んでいることは知っている．77の数値を探索するものとする．二分探索では，真ん中のものを見るが，対象の数が偶数の場合は真ん中の2枚のうちの小さい方，としておく．この規則に従って，8個の数値の中から，4番目のものをみる．すると32であり，77ではなかったが，この数値よりも左の3個も候補から外れた．そこで，残った右側の4個の数値の中から2番目（全体では6番目）のものを見る．すると57であり，77ではなかったが，この数値よりも左の1個も候補から外れた．そして，残った右側の2個の数値の中から1番目（全体では7番目）のものを見る．すると77を見つけることができた．

　調べる対象が n 個あるとき，この二分探索では何回でその特定の数値を見つけることができるであろうか．1回目の操作で調べる対象は $\frac{n}{2^1}$ 個になり，2回目の操作で調べる対象は $\frac{n}{2^2}$ 個になり，…ということを繰り返し，最後の1枚となったときにようやく特定の数値を見つけられたとすると，そこまでに掛かった回数を p として，

$$\frac{n}{2^p} = 1 \qquad\qquad (6.1)$$

と書くことができる．すなわちこの回数 p は，

$$p = \log_2 n \qquad\qquad (6.2)$$

となる．すなわち処理の回数は $\log_2 n$ に比例して増大する．線形探索のところでも述べたように，処理の回数を考える場合，厳密な回数よりもその回数を示す式の関数の型に着目する．この場合は，対数である．

　先ほどの線形探索の n と比較すると，二分探索のこの回数は対数に従うので，n の値が大きくなってくるとその増大の仕方は鈍化してくる．このことは，大規模な探索対象の場合には決定的な違いとなって現れる．

6.2.2 整列アルゴリズム

一定の規則で対象を並べておくことで二分探索を用いることができるようになり，探索の効率を上げることができた．それでは，どのようなやり方でその並び替えを行うのであろうか．データを一定の順番に並び替えるアルゴリズムを**整列アルゴリズム**（sort algorithm）という．前述のようにこのような並び替えは，さまざまな実用的な場面でニーズがあるので多くの研究がなされ，多くの整列アルゴリズムが知られている．ここではその一端を説明する．

a. 素朴な整列アルゴリズム

まずは素朴なやり方について考えてみよう．n 個の数値を昇順，すなわち小さいものから大きなものの順に並べることを考える．もし n が小さければ，たとえば 4 つしかなければ，私たちはまず，その 4 つの中で一番小さい数値を選び出し，一番左のものと交換するだろう．つぎに残りの 3 つの中で一番小さい数値を選び出し，左から 2 番目のものと交換するだろう．そして最後に残った 2 つの数値を比較し，小さい方を 3 番目に，大きい方を 4 番目すなわち一番右に置くだろう．これで 4 つの数値は昇順に並べられる．この素朴なやり方は**選択ソート**（selection sort）と呼ばれるものである．

選択ソートにおいて必要な比較の回数を調べる．まず，4 つの数値の中で一番小さなものを選ぶために必要な比較の回数は，図 6.6 に示すように 3 回である．一般化すると，n 個の数値の中で一番小さなものを選ぶために必要な比較の回数は $(n-1)$ 回である．そして残りの $(n-1)$ 個の数値の中で一番小さいものを選ぶために必要な比較の回数は同様に $(n-2)$ 回である．以降同様に残りの数値の中から一番小さいものを選ぶという操作を，最後の 2 個になるまで行わなければならないので，全部で必要な比較の回数 p は次式で与えられる．

$$p = (n-1) + (n-2) + \cdots + 1$$
$$= \frac{1}{2}n(n-1) \qquad (6.3)$$

この計算には，等差数列の和の公式を用いて

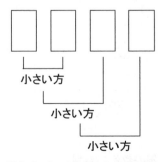

図 6.6 4 つの数値の中で一番小さなものを選ぶための比較

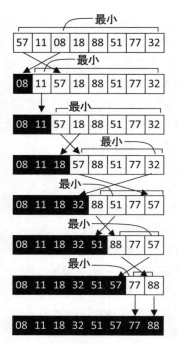

図6.7　選択ソート

いる．この式から，調べる対象の数 n に対する比較回数 p の増大の仕方は，n^2 の項と n の項とで決まることが分かるが，n が大きいときにこれを支配するのは n^2 の項である．したがって処理の回数は n^2 に比例して増大するものとみなす．選択ソートにより8個の数値を整列させる例を図 6.7 に示す．この図では，黒背景に白字で示した数値は，並びが確定していることを示している．

b.　併合ソート

選択ソートよりも効率が良い整列アルゴリズムがいくつも開発された．その中で，問題を分割して小さな整列を作り，それをだんだんに統合していって最後に全体の整列が完成する**併合ソート**（merge sort）について説明する．

ここでも，数値を昇順に並べることを考える．併合ソートでは，まず元の数値の並びをバラバラにして2個ずつの数値の並びの集まりにする．そしてそれらの2個ずつの数値の並びをそれぞれ整列させる．この整列させた2個ずつの数値の並びを2組ずつ統合して，4個ずつの数値の並びを作り，その内部で整列させる．このように，すでに整列している数値の並びを2組ずつ統合して整列した数値の並びを作ることを再帰的に繰り返し，全体の整列を完成させる．併合ソートにより8個の数値を整列させる例を図 6.8 に示す．併合ソートの計算量は $n \log_2 n$ に比例することが知られている．

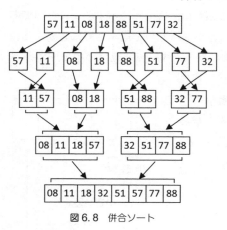

図6.8　併合ソート

6.3 問 題 解 決

　人は日々の生活の中でたくさんの問題を解決している．それらの大半は，数式などの体系的な理論で記述されたものではなく，互いの共通性も乏しいので，理論的に扱うには捉えどころがないようにも見える．しかし，1つずつの問題ではなく，これらを抽象化し，問題を解決するということ自体の方法論を明らかにすれば，すなわち「やり方を考えるやり方」を考えれば，それぞれの問題を解くアルゴリズムを求めることができるようになる．

6.3.1　問題解決のモデル化

　問題解決のモデルについて説明する．

　解決すべき問題の世界は**状態**（state）の集まりである．たとえば将棋やチェスでは盤面に駒が並んだ各局面が状態である．

　状態は，**作用素**（operator）により別の状態に遷移させることができる．将棋やチェスでは駒を動かしてつぎの局面に遷移させることができるが，駒の動かし方には規則があり，1つの局面から直接遷移できる局面は限られている．この駒の動かし方が作用素にあたる．

　状態の中には，初めに与えられた**初期状態**（initial state）と，目標が達成された状態である**目標状態**（goal state）がある．

　各作用素を次々に適用することにより，初期状態から到達可能な状態の集合を**状態空間**（state space）という．この状態空間は，初期状態から可能な状態遷移の系列を木構造で表した**探索木**（search tree）により表現することができる．

　解（solution）とは，初期状態から目標状態に至る状態の系列である．この解を見つけること，あるいは効率よく見つけることを**問題解決**（problem-solving）という．

6.3.2　迷路問題への適用

　上述の問題解決のモデルを図6.9の迷路問題に適用して，問題解決の方法を示す．同図の迷路問題は，左上のStartのマスから始めて，駒を順次動かして

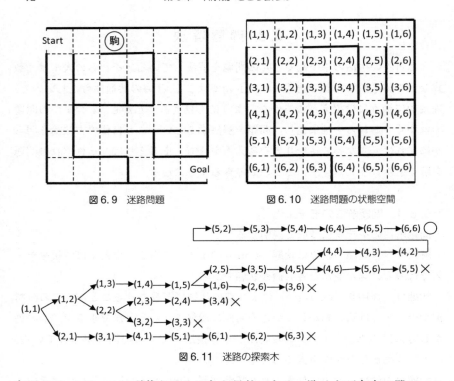

図6.9　迷路問題　　　　　　　　　図6.10　迷路問題の状態空間

図6.11　迷路の探索木

右下の Goal のマスに到着させることが目的である．駒は上下左右の隣のマス
に動かすことができる．ただし，太い実線は壁を表しており，この壁を越えて
動かすことはできない．また，来た道を引き返すことはしない．

　この問題における状態は，駒が迷路のどこかのマスにいる各場面である．そ
して作用素は，各マスで可能な向きへの駒の移動である．また，初期状態は
Start のマスに駒がある状態であり，目標状態は Goal のマスに駒がある状態で
ある．

　各状態を駒が位置するマスで表すために，各マスに座標値を与えたものが図
6.10 である．同図では，初期状態は (1, 1) で，目標状態は (6, 6) で，それ
ぞれ表すことができる．

　探索木で表した状態空間を図6.11 に示す．この図では，初期状態 (1, 1) か
ら始めて，可能な状態遷移を矢印で結ぶことにより，右に向かって状態遷移を

進めている．そして行き止まりの状態を「×」で示し，目標状態を「○」で示している．この図から，解，すなわち初期状態から目標状態に至る状態の系列を読み取ることができる．

課 題

6.1 ある教育機関の学力の評価は，100点満点の試験で，成績が90点以上100点以下ならS，80点以上90点未満ならA，70点以上80点未満ならB，60点以上70点未満ならC，60点未満ならDである．図6.12は，変数 s に成績を読み込んで，変数 g にその評価を与える処理である．(a)，(b)，(c)，(d) に入るそれぞれの式を変数 s を用いて示せ．

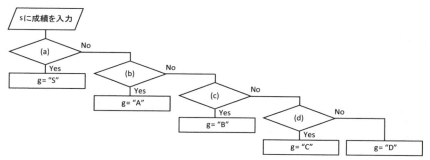

図6.12 成績を s に入力して，評価 g を求める処理

6.2 図6.5の探索の例で，説明した方法により二分探索を行い，18の数値を探索する．ただし，この18が8個の中にあることは知っているものとする．このとき，この18の位置が確定するまでに調べることになる数値をその順に挙げよ．

6.3 図6.13は，8個の数値をバラバラにして，併合ソートを行う様子を示している．数値は，左から右へ昇順になるように整列させるものとして，a から x に当てはまる数値を答えよ．

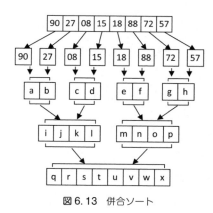

図6.13 併合ソート

6.4　図6.10の迷路において（6, 6）を初期状態，（1, 1）を目標状態として，探索木を作成せよ．ただし，目標状態に至ったら，そこで終了することとする．

参 考 文 献

[6.1]　ガベージニュース；年賀葉書の発行枚数などをグラフ化してみる（最新），2020/09/03
　　http://www.garbagenews.net/archives/2114695.html
　　（2020年9月19日確認）．

[6.2]　郵便局；お年玉商品のご案内
　　https://www.post.japanpost.jp/event/otoshidama2020/
　　（2020年9月19日確認）．

[6.3]　JIS X 0121 情報処理用流れ図・プログラム網図・システム資源図記号．

第7章 「情報」はどのように処理されるのか
情報システムについて

　情報についていくつかの観点から述べてきたが，実際にそれらのことを実現しようとすると情報を処理するためのシステムが必要である．本章では，情報システムとして，コンピュータ，データベース，および Web 情報の利用について説明する．現代の社会では，ほとんどすべての人がこれらの情報システムの恩恵にあずかっているが，その原理や仕組みについて意識されることは少ない．しかしよりよく情報を利用するためには，その基本を学ぶことが重要である．

7.1　コンピュータ

　情報といえば，多くの人がコンピュータを思い浮かべるであろう．コンピュータはパーソナルコンピュータとして個人が持つことが普通になり，また，マイコンという形で多くの機器に組み込まれるようなったが，その基本は長く変わっていない．この基本について説明する．

7.1.1　ブール代数
　第4章で述べたように，情報の世界では0と1とでデータを記述する．この0と1とで複雑な情報処理を行うための基礎となる理論が，**ブール代数**（Boolean algebra）である．

　まず，0または1の値を取る変数 x と y を考える．そして2つの変数 x と y を入力し，1つの変数を出力する**論理積**（logical conjunction）$x \cdot y$ と**論理和**（logical disjunction）$x + y$ を定義する．また，1つの変数 x を入力とし，1つの変数を出力する**否定**（negation）$\bar{x}$ を定義する．これらの定義は，あり得るすべての入力の組合せに対する出力を整理した**真理値表**（truth table）で記述できる．論理積，論理和，および否定の真理値表を表 7.1, 7.2, 7.3 に示す．これらの表では，太い縦線の左側の列が入力で，右側の列が出力である．なお，論理積は「かつ」，"and"，論理和は「または」，"or"，否定は「でない」，"not"

表7.1　論理積　　　　　　　　　　表7.2　論理和

x	y	$x \cdot y$	x	y	$x+y$
1	1	1	1	1	1
1	0	0	1	0	1
0	1	0	0	1	1
0	0	0	0	0	0

表7.3　否定

x	$\bar{x}$
1	0
0	1

の意味をそれぞれ持つ.

ブール代数には以下の規則性が成立する.

(1) 二重否定　　　　　$\bar{\bar{x}} = x$

(2) 冪等律　　　　　　$x + x = x,\quad x \cdot x = x$

(3) 排中律と矛盾律　　$x + \bar{x} = 1,\quad x \cdot \bar{x} = 0$

(4) 交換律　　　　　　$x + y = y + x,\quad x \cdot y = y \cdot x$

(5) 結合律　　　　　　$x + (y + z) = (x + y) + z$

　　　　　　　　　　　$x \cdot (y \cdot z) = (x \cdot y) \cdot z$

(6) 分配律　　　　　　$x + (y \cdot z) = (x + y) \cdot (x + z)$

　　　　　　　　　　　$x \cdot (y + z) = (x \cdot y) + (x \cdot z)$

(7) ド・モルガン律　　$\overline{x + y} = \bar{x} \cdot \bar{y},\quad \overline{x \cdot y} = \bar{x} + \bar{y}$

(8) 単位元と有界性　　$x + 0 = x,\quad x \cdot 1 = x$

　　　　　　　　　　　$x + 1 = 1,\quad x \cdot 0 = 0$

(9) 吸収律　　　　　　$x + (x \cdot y) = x,\quad x \cdot (x + y) = x$

ブール代数の性質を理解するには,これを使ってみることが一番よい.ここではその例題として,(9) 吸収律の左側の式を,(6) 分配律と (8) 単位元と有界性を用いて証明する.

$$x + (x \cdot y) = (x \cdot 1) + (x \cdot y) \quad \text{(8) 単位元と有界性より}$$

$$= x \cdot (1 + y) \quad \text{(6) 分配律より}$$

$$= x \cdot 1 \quad \text{(8) 単位元と有界性より}$$

$$= x \quad \text{(8) 単位元と有界性より} \tag{7.1}$$

7.1.2 論理回路

ブール代数を実行する回路が**論理回路**（logic circuit）である．論理回路には，論理積を実行する AND 回路，論理和を実行する OR 回路，否定を実行する NOT 回路がある．そのほかに重要な論理回路として，2つの変数 x と y を入力し，$\overline{x \cdot y}$ を出力する NAND 回路と，$\overline{x+y}$ を出力する NOR 回路がある．さらに，2つの変数 x と y を入力し，どちらか一方だけが1のときに1を出力する演算，**排他的論理和**（exclusive OR）を実行する XOR 回路があり，この演算は $x \oplus y$ で表される．NAND 回路，NOR 回路，XOR 回路の真理値表をまとめて表7.4に示す

表7.4 NAND, NOR, XOR

x	y	$\overline{x \cdot y}$	$\overline{x+y}$	$x \oplus y$
1	1	0	0	0
1	0	1	0	1
0	1	1	0	1
0	0	1	1	0

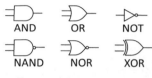

図7.1 論理回路の MIL 記号

論理回路の図記号として MIL 記号がしばしば用いられる．上記6つの論理回路の MIL 記号を図7.1に示す．これらの記号では，左側の線が入力で，右側の線が出力である．

表7.4では，NAND 回路と NOR 回路は，基本的な論理積，論理和，否定の組合せで記述されているが，XOR 回路はこれらの組合せで記述するとどうなるのであろうか．それを明らかにするためには，真理値表で XOR 回路と同じになる組合せを作ればよい．表7.5がその真理値表である．

表7.5 AND, OR, NOT による XOR の記述

x	y	$x \cdot \bar{y}$	$\bar{x} \cdot y$	$(x \cdot \bar{y})+(\bar{x} \cdot y)$	$x \oplus y$
1	1	0	0	0	0
1	0	1	0	1	1
0	1	0	1	1	1
0	0	0	0	0	0

これを MIL 記号で表すと，図7.2 のような論理回路になる．

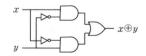

図7.2 排他的論理和の論理回路

7.1.3 加算回路

ブール代数を用いて上述の単純な論理回路から複雑な論理回路を設計することができる．ここでは，コンピュータにとって基本的な加算回路を設計することを考える．その各桁における動作は，2つの変数 x と y を入力し，その加算の結果を出力するものである．つまり，

$$(0)_2 + (0)_2 = (0)_2$$
$$(0)_2 + (1)_2 = (1)_2$$
$$(1)_2 + (0)_2 = (1)_2$$
$$(1)_2 + (1)_2 = (10)_2$$

を実行する．ただしここで $(10)_2$ は，その対象の桁の出力は $(0)_2$ で，その1つ上の桁に繰り上がり $(1)_2$ が生ずることを意味する．**繰り上がり**（carry）を C，対象の桁の**和**（sum）である出力を S とすると，加算回路の動作は表7.6の真理値表にまとめられる．

表7.6　加算回路

x	y	C	S
1	1	1	0
1	0	0	1
0	1	0	1
0	0	0	0

先ほどの表7.1，表7.4とこの表7.6とを見比べると，C の演算は論理積に，S の演算は排他的論理和に，それぞれ一致していることが分かる．すなわち，C と S は次式で与えられる．

$$C = x \cdot y \tag{7.2}$$
$$S = x \oplus y \tag{7.3}$$

さらに（7.3）式の排他的論理和は，図7.2のように，2つの AND 回路，1つの OR 回路，および2つの NOT 回路で構成された．ここでは，さらに少ない基本回路でこれを実現するために，ブール代数の規則を用いてつぎの誘導を行う．

$$S = x \oplus y = (x \cdot \overline{y}) + (\overline{x} \cdot y) \quad \text{表7.5, 図7.2より}$$
$$= \overline{\overline{(x \cdot \overline{y}) + (\overline{x} \cdot y)}} \quad \text{(1) 二重否定より}$$
$$= \overline{\overline{(x \cdot \overline{y})} \cdot \overline{(\overline{x} \cdot y)}} \quad \text{(7) ド・モルガン律より}$$
$$= \overline{(\overline{x} + y) \cdot (x + \overline{y})} \quad \text{(7) ド・モルガン律と (1) 二重否定より}$$
$$= \overline{(\overline{x} \cdot x) + (\overline{x} \cdot \overline{y}) + (x \cdot y) + (y \cdot \overline{y})} \quad \text{(6) 分配律, (4) 交換律より}$$
$$= \overline{0 + (\overline{x} \cdot \overline{y}) + (x \cdot y) + 0} \quad \text{(3) 矛盾律より}$$
$$= \overline{\overline{(\overline{x} \cdot \overline{y})} \cdot \overline{(x \cdot y)}} \quad \text{(7) ド・モルガン律より}$$
$$= (x + y) \cdot \overline{(x \cdot y)} \quad \text{(7) ド・モルガンと (1) 二重否定より} \tag{7.4}$$

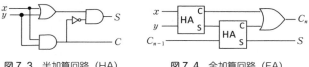

図7.3　半加算回路（HA）　　　図7.4　全加算回路（FA）

この (7.4) 式は，XOR 回路が 2 つの AND 回路，1 つの OR 回路，および 1 つの NOT 回路で構成できることを意味している．

以上，(7.2) 式と (7.4) 式により，加算回路の構成が明らかになった．ただし，ここまでの議論では，上位の桁への繰上りは考慮したが，下位の桁からの繰上りは考慮していなかった．したがってこの回路は最下位の桁にしか使うことができない．このため，この加算回路は，**半加算回路**（half adder；HA）と呼ばれる．半加算回路の構成を図 7.3 に示す．ここで，繰上り C は和の回路 S の一部を流用して，全体の構成を節約している．

下位からの繰上りを考慮した加算回路は，**全加算回路**（full adder；FA）と呼ばれる．n 桁目の全加算回路は，下位からの繰上り C_{n-1} を入力の 1 つとして，2 つの半加算回路（HA）と 1 つの OR 回路により，図 7.4 のように構成することができる．全加算回路を組み合わせれば，任意の桁の加算回路を構成することができる．

全加算回路の真理値表は章末の課題とする．

7.1.4　順序回路

以上のように論理回路は現在の入力の組合せに対して所定の出力を示す．この論理回路に記憶の機能を持たせたものが**順序回路**（sequential circuit）である．順序回路は，直前の状態を記憶しており，その時点の入力の組合せとこの記憶とにより出力が決まる．

順序回路の基本形として，**RS フリップフロップ**（flip-flop）について説明する．RS フリップフロップには 2 つの出力 Q，$\overline{Q}$ を持ち，両者は互いに 0, 1 が反転した値を取る．$Q=0$，$\overline{Q}=1$ のときを**リセット**（reset）状態，$Q=1$，$\overline{Q}=0$ のときを**セット**（set）状態と呼び，この 1 [bit] の情報を記憶するのである．また，RS フリップフロップの名称もこれに由来している．一方，入力も 2 つあり，それぞれ S，R で表される．そして，(S, R) が $(0, 1)$ のとき出力はリセッ

表7.7　RSフリップフロップの動作

S	R	Q	$\bar{Q}$
0	0	\multicolumn{2}{c}{保持}	
0	1	0	1
1	0	1	0
1	1	\multicolumn{2}{c}{禁止}	

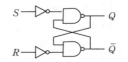

図7.5　RSフリップフロップの構成

ト状態となり，$(1, 0)$ のときセット状態となる．さらに $(0, 0)$ のときは前回の状態が保持される．また，$(1, 1)$ の入力は禁止されている．この動作を表7.7の真理値表に示す．

　RSフリップフロップの構成を図7.5に示す．この図から分かるように，出力が入力の一部としてフィードバックしていることが特徴である．この動作の確認を，章末の課題とする．

　フリップフロップは，コンピュータの主メモリやプロセッサの中のレジスタに使われる．

7.2　データベース

　コンピュータの利用により，大量のデータを管理し，利用することが可能となった．学校でも，企業でも，官公庁でも，それぞれの組織内の各部門で，データを管理し，利用するようになった．しかし組織内の各部門で対象とするデータ間には相互に共通部分や関係があり，ここにいくつかの問題が生ずる．たとえば大学の学生管理部門と講義管理部門とで，それぞれに受講生名簿を持つと，学生管理部門が各学生の受講届をまとめ，講義管理部門に送ることになる．その際，両者の受講生名簿の構成が異なると情報が無駄になったり足りなかったりする．また，受講取り消しや，休学などの変更情報はすべて学生管理部門から講義管理部門に逐次的に送られなければならないが，どこかで一度誤ると両者での不整合が生ずる．どの組織でも，このような不整合は致命的な事故をもたらす可能性があるため，これを避けるために多大な努力を注がなければならなくなる．

　データベースは，関係する各部門でデータを共同利用するために考えられた仕組みである．この節では，データベースとして一般的なリレーショナル・デー

タベースについて説明する.

7.2.1　リレーショナル・データベース

リレーショナル・データベース（relational database）では，**関係**（relation）という概念でデータを扱う.図7.6は「講義担当」というリレーション名の関係で，「講義名」と「担当教員」との関係を表している.リレーショナル・データベースでは，この関係における「講義名」や「担当教員」のことを**属性**（attribute）と呼び，それらの属性の具体的な講義や教員のことを**属性値**（attribute value）という.そして，それぞれの属性の属性値が取り得る値の集合のことを**ドメイン**（domain，定義域）と呼ぶ.ドメインは，図7.6のように列挙したものでもよいし，また，「受講者数」という属性があれば「正の整数」としてもよい.具体的な属性値同士，この場合は具体的な講義名と具体的な担当教員を結びつけた具体的な関係を**タプル**（tuple）と呼ぶ.関係において属性の数を**次数**（degree），タプルの数を**濃度**（cardinality）とそれぞれいう.

図7.6の例では，2つの属性の関係が示されているが，一般的には，n 個の

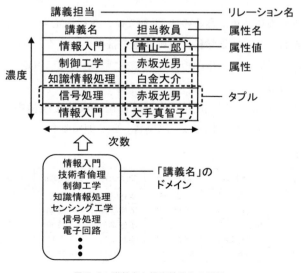

図7.6　講義名と担当教員との関係

属性に関する属性値の集合，すなわちドメイン X_1, X_2, …, X_n を関係付けることができる．この関係は **n 項関係**（n-ary relation）と呼ばれ，各属性値のすべての組合せは**直積**（Cartesian product）集合

$$X_1 \times X_2 \times \cdots \times X_n = \{(x_1, x_2, \cdots, x_n) ; x_1 \in X_1, x_2 \in X_2, \cdots, x_n \in X_n\} \qquad (7.5)$$

を形成する．その要素 $(x_1, x_2, \cdots, x_n)$ が一般的なタプルである．

リレーショナル・データベースでは，関係に着目するので，その関係に影響を及ぼさない属性の順番やタプルの順番は問題としない．また，タプルの重複も関係に意味をなさないので，ないものとする．

7.2.2 タプルの指定

前項よりは少し大きなリレーションとして，図7.7の「開講講義」のリレーションを考える．このリレーションにおいて，特定のタプルを指定するにはどうすればよいだろうか．前項で述べたように，タプルの重複はない．したがって，もっとも単純で間違いのない方法は，タプルのすべての属性の値を照合してそれに合うものを見つけるものである．しかしこれでは効率が悪い．

少ない属性値でタプルを一意に指定したい．たとえば「講義名」の属性値はどうであろうか．一見うまくいきそうであるが，同じ「講義名」に対して異なる「開講学科」の属性値があるので 単独では一意に指定することができない．しかし「講義名」と「開講学科」の属性値を組み合わせると，一意に指定することができる．これに対し，単独の属性値でタプルを一意に指定できるのは，「講義コード」である．

一般に，タプルを一意に指定できる属性値の属性を**候補キー**（candidate key）と呼ぶ．このうち，上記の「講義名」と「開講学科」のように複数の属

開講講義

講義コード	講義名	担当教員	開講学科	開講学期	教室コード
111	情報入門	青山一郎	情報学科	1年前期	123
222	制御工学	赤坂光男	情報学科	3年後期	123
333	知識情報処理	白金大介	情報学科	3年後期	345
444	信号処理	赤坂光男	情報学科	3年前期	567
555	情報入門	大手真智子	電気学科	2年前期	345

図7.7　開講講義のリレーション

性値を用いるものを**複合キー**と呼ぶ．リレー
ショナル・データベースでは，候補キーの中か
らタプルの指定に用いるものを**主キー**（primary
key）として選定する．候補キーが複数ある場
合，その中で主キーとして選定されなかった
ものを**代理キー**（alternate key）という．ま
た，主キー以外の属性を**非キー属性**（non-key
attribute）という．

教室データ

教室コード	席数
123	180
345	120
567	160

図7.8 教室データのリレーション

　さらに，1つのリレーションから別のリレーションを参照して処理を行う場
合がある．このとき，参照先のリレーションの中で，目的の処理に関わるタプ
ルを指定する必要がある．そのために用いられる属性が，**外部キー**（foreign
key）である．図7.7では，「教室コード」がそれにあたり，図7.8の「教室デー
タ」のリレーションの参照に用いられる．

　また，外部キーは，同一のリレーションの参照に用いられる場合もある．た
とえば，図7.7の「開講講義」のリレーションの中に，「前提科目」という属
性があり，「講義コード」が「333」の「前提科目」に，「111」という属性値が
ある場合を考える．このとき，この「前提科目」は外部キーであり，同じリレー
ションを参照している．

7.2.3　正規形

　データベースに登録された関係に冗長性があると，データの追加，更新，削
除の際に不整合や喪失が起こる．これを防ぐために，この冗長性を排除した**正
規形**（normal form）という形式が提案されている．データベース上の関係を
正規形にすることを**正規化**（normalization）という．正規形には，第1正規形，
第2正規形，第3正規形，Boyce-Codd正規形，第4正規形，および第5正規
形があるが，実用上は第3正規形までが重要と考えられているので，そこまで
の正規形について説明する．

a.　第1正規形

　第1正規形（first normal form）とは，各タプルの中に複数の属性値を持つ
属性がない，すなわち各タプルの各属性はそれぞれ1つだけの属性値を持つ状

成績および出席日数

講義コード	講義名	教室	席数	学生番号	成績	出席日数
111	情報入門	123	180	202001008	A	15
				202001015	S	15
				202001077	A	15
333	知識情報処理	345	120	201801008	S	15
				201801015	A	14
				201801077	A	15
				201801081	B	13

図 7.9　第 1 正規形ではないリレーション

成績および出席日数

講義コード	講義名	教室	席数	学生番号	成績	出席日数
111	情報入門	123	180	202001008	A	15
111	情報入門	123	180	202001015	S	15
111	情報入門	123	180	202001077	A	15
333	知識情報処理	345	120	201801008	S	15
333	知識情報処理	345	120	201801015	A	14
333	知識情報処理	345	120	201801077	A	15
333	知識情報処理	345	120	201801081	B	13

図 7.10　第 1 正規形としたリレーション

態のことである．第 1 正規形にするためには，属性内の複数の属性値に対応してタプルを独立させる．つまり，タプルを (7.5) 式の形式とする．

　図 7.9 のリレーション「成績および出席日数」は，「講義コード」111 のタプルは，「学生番号」，「成績」，「出席日数」の属性で複数の属性値を持っているので，第 1 正規形ではない．また，333 のタプルも同様である．これを第 1 正規形にすると図 7.10 のリレーションとなる．

b.　第 2 正規形

　前述のように，タプルを一意に指定できる属性値の属性を候補キーと呼び，その中からタプルの指定に用いるものを主キーとして選定する．図 7.10 の「成績および出席日数」のリレーションでは，「講義コード」と「学生番号」を組み合わせた複合キーを主キーとする．

　このとき，このリレーションでは，データを更新する際に困ったことが起き

成績および出席日数

講義コード	講義名	教室	席数	学生番号	成績	出席日数
222	制御工学	123	180			

図 7.11　講義だけのデータ

る可能性がある. たとえば, 図 7.11 はまだ学生の受講登録がされていない講義だけのデータであるが, これは登録できない. なぜなら, 主キーのうち「学生番号」がないからである. また, 202001008, 202001015, 202001077 の学生が「講義コード」111 の受講取り消しをすると,「講義コード」111 の「講義名」,「教室」,「席数」のデータも失われてしまう.

　一般に, ある属性集合 A からほかの属性集合 B を一意に指定できるとき, B は A に **関数従属** (functionally dependent) であるといい, A→B と表す. また属性集合 A が複数の属性, たとえば 2 つの属性 A_1, A_2 からなるとき, これを $\{A_1, A_2\}$→B と表す. $\{A_1, A_2\}$→B であり, かつ A_1→B も A_2→B も成立しないとき, この関係を **完全関数従属** (fully functionally dependent) するという. A が 1 つの属性からなる場合には, 無条件で完全関数従属となる. 完全関数従属ではない場合, すなわち, $\{A_1, A_2\}$→B であり, かつ A_1→B あるいは A_2→B が成立するとき, この関係を **部分関数従属** (partially functionally dependent) という.

　第 2 正規形 (second normal form) とは, 第 1 正規形で, かつ, すべての非キー属性が主キーに対して完全関数従属する状態のことである. 第 2 正規形にするためには, 複数の属性からなる主キーに対して部分関数従属する非キー属性を別のリレーションとして独立させる.

　図 7.10 のリレーション「成績および出席日数」は, 図 7.12 に示すように,

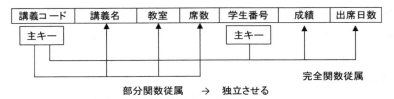

図 7.12　部分関数従属の解消と第 2 正規形への正規化

講義

講義コード	講義名	教室	席数
111	情報入門	123	180
333	知識情報処理	345	120

成績および出席日数

講義コード	学生番号	成績	出席日数
111	202001008	A	15
111	202001015	S	15
111	202001077	A	15
333	201801008	S	15
333	201801015	A	14
333	201801077	A	15
333	201801081	B	13

図 7.13　第 2 正規形としたリレーション

講義

講義コード	講義名	教室	席数
		567	160

図 7.14　教室だけのデータ

「成績」と「出席日数」の属性は主キーに完全関数従属しているが,「講義名」,
「教室」,および「席数」の属性は,主キーのうち「講義コード」の属性のみで
指定できるので,主キーに対して部分関数従属となっている.これは,「成績
および出席日数」という情報の中に,講義に関する情報が混じっていることを
意味する.この部分関数従属を解消して,「講義コード」だけを主キーとする
「講義」として独立させた図 7.13 の 2 つのリレーションは第 2 正規形となって
いる.

c.　第 3 正規形

　第 2 正規形とすることにより,上記の問題は「講義」のリレーションにおい
て解決できた.しかし,これでもまだ似た問題が生ずる可能性がある.たとえば,
図 7.14 の教室だけのデータは,主キーである「講義コード」がないので登録
できないし,図 7.13 のリレーションにおいて「講義コード」111 がなくなれば,
「教室」123 の「席数」のデータも消えてしまう.

　図 7.13 の新たな「講義」というリレーションをさらによく観察すると,2
つの関係が記述されていることに気づく.第 1 の関係は,主キーに対する完全
関数従属,すなわち「講義コード」→「講義名」,「講義コード」→「教室」,「講
義コード」→「席数」である.ところがそのほかに第 2 の関係,「教室」→「席数」

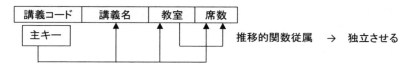

図 7.15　推移的関数従属の解消と第 3 正規形への正規化

講義

講義コード	講義名	教室
111	情報入門	123
333	知識情報処理	345

教室

教室	席数
123	180
345	120

成績および出席日数

講義コード	学生番号	成績	出席日数
111	202001008	A	15
111	202001015	S	15
111	202001077	A	15
333	201801008	S	15
333	201801015	A	14
333	201801077	A	15
333	201801081	B	13

図 7.16　第 3 正規形としたリレーション

が存在している．一方，同じ教室でいくつもの講義が行われるので，「教室」→「講義コード」は成立しない．これを図 7.15 に示す．

　一般に，属性 A, B, C の間に A→B, B→C が成立し，B→A は成立しないとき，C は A に **推移的関数従属**(transitively functionally dependent)するという．この例では，「席数」の属性は，「講義コード」の属性に推移的関数従属している．これは，「講義」という情報の中に，「教室」に関する情報が混じっていることを意味する．

　第 3 正規形（third normal form）とは，第 2 正規形で，かつ，すべての非キー属性が主キーに対して非推移的に関数従属する状態のことである．第 3 正規形にするためには，主キーに推移的関数従属する非キー属性を別のリレーションとして独立させる．

　図 7.13 の推移的関数従属を解消して，「教室」→「席数」を「教室」として独立させた図 7.16 の 3 つのリレーションは第 3 正規形となっている．

7.3　Web 情報の利用

　現代人にとって，「情報」を得るための手段として日常的に利用しているものはインターネットであろう．この節では，インターネットにおける Web 情

報の検索がどのような仕組みにより実現されているかについて説明する.

7.3.1 Web 情報

インターネット上には,文書,画像,動画,音楽などの多様な **Web**(World Wide Web)**ページ**(Web page),あるいはそれらをまとめた **Web サイト**(website)があり,巨大な情報システムを構成している.それらは,閲覧や視聴のための一方向性のものばかりではなく双方向性のものもあり,商品の購入や券の予約などに利用されている.

各 Web ページは,**URL**(Uniform Resource Locator)で一意に指定できる.多くの Web ページは,**ハイパーリンク**(hyperlink)と呼ばれる仕組みにより,ほかの Web ページの URL を指し示し,参照している.これにより,Web 情報は互いに参照し合うネットワーク構造を構築している.

Web 情報のシステムには,中心となる管理者は不在であり,Web 情報を提供する Web サーバが分散的に管理されている.私たちは,Web 情報の数は膨大であり,その内容も玉石混淆であることを知っている.

7.3.2 Web における情報検索

前章に述べたデータベースでも情報検索は行われるが,これは Web における情報検索とは対照的である.データベースでは,検索される情報は統一的に管理され,一定の形式を持つものであり,検索結果は厳密に一意に決まるものでなければならない.これに対し Web における情報検索では,検索される情報はそれぞれ独自に管理され,その形式も一定ではない.また,その数も膨大であるので,「正しい検索結果」というものを厳密に決めることは困難である.このため,検索結果にランクを付けて,利用者からの問合せに合いそうなものから順に出力をする.

Web 情報を検索するシステムを**検索エンジン**(search engine)という.検索エンジンには,2つの種類がある.1つは**ディレクトリ型**と呼ばれるものである.これは,人手により Web 情報を収集,分類し,階層的に整理して,利用者に提供するものである.人手によるため良質な情報提供が可能であるが,Web 情報の数が膨大となった現在,人手による維持は困難となりあまり運用

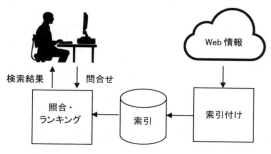

図7.17 Web における情報検索

されなくなった. もう1つは**ロボット型**と呼ばれるものである. これは, **ロボット** (robot) あるいは**クローラ** (crawler) と呼ばれるソフトウェアにより膨大な Web 情報を予め収集して索引を作っておき, 利用者の問合せに素早く対応する. 現在はこのロボット型検索エンジンが主流となっている. Web における情報検索の仕組みを図7.17 に示す.

7.3.3 索引付け

Web 情報の検索は, 利用者が**検索語** (index term) あるいはその組合せを**問合せ** (query) として指定し, 検索エンジンがそれらを含む Web ページを検索結果として回答するという形式で行われる. Web ページの量は膨大なので, ロボット型検索エンジンはあらかじめ各 Web ページの検索語を調べて**索引** (index) を作成しておく. この作業, **索引付け** (indexing) について説明する.

索引付けを行うためには, まず各 Web ページのテキストデータから索引語を抽出しなければならない. テキストが日本語の場合は, 英語などの言語のように単語が1つずつスペースで区切られていないので, **形態素解析** (morphological analysis) という処理により, テキストを最小の言語単位である**形態素** (morpheme) に分割する. 形態素解析は形態素への分割だけでなく, それぞれの形態素の品詞も明らかにするから, 助詞や助動詞, 代名詞など, 問合せに用いられることのまれな品詞を取り除くなどの処理を行い, 索引語を抽出する.

P1
Web情報を検索するシステムで「クローラ」を検索した.

P2
マージソートのアルゴリズムで情報を整列させる.

P3
情報検索のアルゴリズムをフローチャートで表す.

Webページ

	P1	P2	P3
Web	1		
情報	1	1	1
検索	2		1
システム	1		
クローラ	1		
マージソート		1	
アルゴリズム		1	1
整列		1	
フローチャート			1

索引語と Web ページとの対応

	Webページ
Web	1
情報	1, 2, 3
検索	1, 3
システム	1
クローラ	1
マージソート	2
アルゴリズム	2, 3
整列	2
フローチャート	3

転置索引

	Webページ
Web	1:1
情報	1:1, 2:1, 3:1
検索	1:2, 3:1
システム	1:1
クローラ	1:1
マージソート	2:1
アルゴリズム	2:1, 3:1
整列	2:1
フローチャート	3:1

出現頻度も加えた 転置索引

図7.18　転置索引の作成

　いま，図7.18の上段左に示す3つの Web ページがあるものとする．たとえば P3 の Web ページを形態素解析すると，図7.19のように分割される．

　ここでは単純に名詞だけを検索語として用いることとすると，これらの検索語と Web ページとの対応表が，図7.18の上段右のように得られる．

　そして各索引語に対してそれが含まれる Web ページをまとめたリスト（図

情報	：名詞
検索	：名詞
の	：格助詞
アルゴリズム	：名詞
を	：格助詞
フローチャート	：名詞
で	：格助詞
表す	：動詞

図 7.19　図 7.18 の P3 の形態素解析

7.18 の下段左）を作成する．このリストは**転置索引**（inverted index）と呼ばれるもので，検索語の出現頻度も加えたリストにすることもできる（図 7.18 の下段右）．この転置索引により，各 Web ページは索引語により特徴付けられる．

7.3.4　照合とランキング

索引付けにより，各 Web ページと各索引語との対応関係が転置索引として整理され，利用者から問合せに応える準備が整えられている．そして利用者からの問合せが与えられると，その条件に合うものを，合いそうな順に検索結果として出力する．そのための照合とランキングについて説明する．

a.　ブール論理による照合

ブール論理モデル（Boolean logic model）は，Web 以前の文献検索の分野で研究されてきた照合法である．この照合法では，索引語により特徴付けられた Web ページが，索引語のブール代数表現で与えられる問合せに照合される．この問合せにおいて，本章の最初の節で述べたブール代数の論理積，論理和，否定は，それぞれ AND, OR, NOT として索引語を結びつける．この照合法による検索結果は，検索されたか否かの 2 値であり，問合せの条件に合う度合いというものは付与されない．

たとえば，検索語をブール代数で組み合わせて

　　　　「検索」AND（「アルゴリズム」OR「フローチャート」）

という問合せを行うと，図 7.18 の転置索引を利用して，

　　　　$\{1, 3\}$ AND $(\{2, 3\}$ OR $\{3\}) = \{1, 3\}$ AND $\{2, 3\} = \{3\}$

という計算が行われ，P3 の Web ページが出力される．

b.　ベクトル演算による照合

ベクトル空間モデル（vector space model）では，i 番目の Web ページと問合せは，それぞれ索引語を要素とする列ベクトル $\boldsymbol{p}_i$ と $\boldsymbol{q}$ により特徴付けられる．

$$\boldsymbol{p}_i{}^T = [p_{1,i},\ p_{2,i},\ \cdots,\ p_{m,i}] \tag{7.6}$$

$$\boldsymbol{q}^T = [q_1,\ q_2,\ \cdots,\ q_m] \tag{7.7}$$

ここで，左辺の $\boldsymbol{p}_i,\ \boldsymbol{q}$ の右肩にある「T」はベクトルの転置（transpose）を意味する．こうすると，これらの列ベクトルを（7.6），（7.7）式のように行ベクトルで記述できて紙面の節約になる．また，（7.6）式の $p_{k,i}$ は k 番目の索引語が i 番目の Web ページに現れる頻度を表し，（7.7）式の q_k は k 番目の索引語の問合せにおける重みを表す．さらに，m はベクトルの次元であり，索引語の数に等しい．

Web ページ $\boldsymbol{p}_i$ の問合せ $\boldsymbol{q}$ に対する照合は，それぞれのベクトル間の**類似度**（similarity）として計算される．いくつかの類似度が提案されているが，その中で情報検索によく用いられるものは，次式で与えられる**コサイン類似度**（cosine similarity）である．

$$\cos(\boldsymbol{p}_i, \boldsymbol{q}) = \frac{\boldsymbol{p}_i \cdot \boldsymbol{q}}{|\boldsymbol{p}_i||\boldsymbol{q}|} = \frac{\sum_{k=1}^{m} p_{k,i} q_k}{\sqrt{\sum_{k=1}^{m} p_{k,i}^2}\ \sqrt{\sum_{k=1}^{m} q_k^2}} \tag{7.8}$$

このモデルによれば，図 7.18 の 3 つの Web ページは，つぎのように特徴付けられる．

$$\boldsymbol{p}_1{}^T = [1, 1, 2, 1, 1, 0, 0, 0, 0]$$
$$\boldsymbol{p}_2{}^T = [0, 1, 0, 0, 0, 1, 1, 1, 0]$$
$$\boldsymbol{p}_3{}^T = [0, 1, 1, 0, 0, 0, 1, 0, 1]$$

いま，「検索」と「フローチャート」でつぎの問合せを行うものとする．

$$\boldsymbol{q}^T = [0, 0, 1, 0, 0, 0, 0, 0, 1]$$

このとき，コサイン類似度によるそれぞれの Web ページに対する照合は，つぎのように行われる．

$$\cos(\boldsymbol{p}_1, \boldsymbol{q}) = \frac{\sum_{k=1}^{m} p_{k,1} q_k}{\sqrt{\sum_{k=1}^{m} p_{k,1}^2} \sqrt{\sum_{k=1}^{m} q_k^2}} = \frac{2}{\sqrt{8}\sqrt{2}} = 0.5$$

$$\cos(\boldsymbol{p}_2, \boldsymbol{q}) = \frac{\sum_{k=1}^{m} p_{k,2} q_k}{\sqrt{\sum_{k=1}^{m} p_{k,2}^2} \sqrt{\sum_{k=1}^{m} q_k^2}} = \frac{0}{\sqrt{4}\sqrt{2}} = 0$$

$$\cos(\boldsymbol{p}_3, \boldsymbol{q}) = \frac{\sum_{k=1}^{m} p_{k,3} q_k}{\sqrt{\sum_{k=1}^{m} p_{k,3}^2} \sqrt{\sum_{k=1}^{m} q_k^2}} = \frac{2}{\sqrt{4}\sqrt{2}} = 0.707$$

このように，コサイン類似度を用いたベクトル照合によれば，検索結果は0から1までの実数値でランキングされたものとなる．

c. ページランク

検索エンジンで用いられている照合やランキングの実際の方法は一部を除き秘匿されているが，複数の方法を組み合わせて運用しているといわれている．その方法の中で，ネットワーク構造に基づき，Web ページの重要度を評価するランキング法がある．これは，Web ページが互いにハイパーリンクにより参照されている関係を，**グラフ理論**（graph theory）[7.1, 7.2] に基づき評価するものである．グラフ理論とは，**頂点**（vertex, node）の集合とそれらを結ぶ**辺**（edge, arc）の集合とから成るデータを扱う理論であり，Web ページを頂点，リンク関係を辺としてこの理論を適用するのである．Web ページのリンクには，参照する側とされる側とがあるので，グラフの中でも辺に向きのある**有向グラフ**（digraph）となる．

そのようなランキング法の中で**ページランク**（PageRank）[7.2, 7.3] は Google が使っているランキングアルゴリズムである．これは，つぎの考え方に基づいて，各 Web ページの重要度を評価している．

ほかの Web ページからリンクされている Web ページは重要度が高い．

Web ページの重要度は，その Web ページにリンクしているすべての Web ページの重要度の和として定められる．

Web ページの重要度は，比例的に分配されてリンク先の Web ページに伝播する．

簡単な例を考える．いま図 7.20 のよ

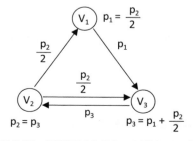

図 7.20 参照関係のある 3 つの Web ページ

うに，V_1, V_2, V_3 の 3 つの Web ページがあり，矢印で示したような参照関係があるものとする．それぞれの Web ページの重要度を p_1, p_2, p_3 とすると，それらは，ほかの Web ページからの参照により伝えられる重要度の値の和となっている．また，各 Web ページの重要度は，そこからの参照の数で除された値となって，参照先の Web ページに伝播する．

これらの条件を満たす重要度 p_1, p_2, p_3 は，存在するであろうか．存在するとすれば，どのようにすれば求めることができるであろうか．

i 番目の Web ページが j 番目の Web ページを参照していれば 1 を，そうでなければ 0 を取る値を第 (i, j) 成分とする行列 A を**隣接行列**（adjacency matrix）という．また，i 番目の Web ページから参照しているリンクの数を n_i とする．これらを用いてつぎの行列 W を定義する．

$$[W]_{i,j} = [A]_{i,j}/n_i \tag{7.9}$$

ここで，$[M]_{i,j}$ は行列 M の第 (i, j) 成分を表す．

一般に，正方行列 M があるとき，数 λ と零ベクトルでないベクトル x に対して，

$$Mx = \lambda x \tag{7.10}$$

が成り立つとき，λ を M の**固有値**（eigenvalue），x を固有値 λ に対する**固有ベクトル**（eigenvector）という．ページランクのアイディア の基本は，各 Web ページの重要度を，(7.9) 式の行列 W の転置行列 W^T を用いてこの固有ベクトルを求める問題に帰着させたことである．

上図 7.20 の例で説明する．V_1, V_2, V_3 の 3 つの Web ページの隣接行列は，

$$A = \begin{bmatrix} 0 & 0 & 1 \\ 1 & 0 & 1 \\ 0 & 1 & 0 \end{bmatrix}$$

となる．$n_1 = 1$, $n_2 = 2$, $n_3 = 1$ であるから，

$$W = \begin{bmatrix} 0 & 0 & 1 \\ 1/2 & 0 & 1/2 \\ 0 & 1 & 0 \end{bmatrix}$$

であり，その転置行列は

$$W^T = \begin{bmatrix} 0 & 1/2 & 0 \\ 0 & 0 & 1 \\ 1 & 1/2 & 0 \end{bmatrix}$$

である．つぎのベクトルは，この行列の固有ベクトルの式を満たす．

$$\begin{bmatrix} 0 & 1/2 & 0 \\ 0 & 0 & 1 \\ 1 & 1/2 & 0 \end{bmatrix} \begin{bmatrix} 1 \\ 2 \\ 2 \end{bmatrix} = \begin{bmatrix} 1 \\ 2 \\ 2 \end{bmatrix}$$

つまり $p_1 = 1$, $p_2 = 2$, $p_3 = 2$ は，図 7.21 のように上述の条件を満たす．

以上がページランクの基本的な考え方である．しかし，実際には，膨大な次元である固有ベクトルの計算に必要な数学的条件を満たすために，任意の Web ページにランダムに遷移することを意味する行列を，小さな荷重で W^T に加えており，アルゴリズムはもっと複雑なものとなる．ここで読

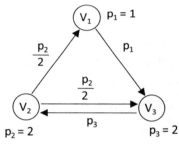

図 7.21 各 Web ページの重要度

者のみなさんに理解していただきたいことは，だれもが納得できる素朴なアイディアを，グラフ理論に基づきアルゴリズムとして構築し，それが多くの利用者の役に立っているということである．ページランクは，グラフ理論では**中心性**（centrality）という概念の 1 つとして，位置付けられている．

7.3.5 検索結果の評価

検索結果の評価の指標として再現率と適合率が用いられる．これらについて説明する．

Web ページの検索が行われたものとする．図 7.22 に示すように，Web ページの全体集合の中で，真に検索されるべき Web ページの部分集合を A, 実際に検索された Web ページの部分集合を B とする．

再現率（recall）は，

$$\text{recall} = \frac{|A \cap B|}{|A|} \tag{7.11}$$

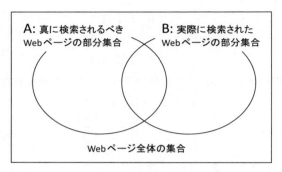

図 7.22　再現率と適合率

で定義される．ただし，$|\cdot|$ は部分集合の濃度を表し，この場合は要素の数を意味する．再現率は，真に検索されるべき Web ページのうち，どれほどのものが実際に検索されたかを示す指標である．

適合率（precision）は，

$$\text{precision} = \frac{|A \cap B|}{|B|} \tag{7.12}$$

で定義され，実際に検索された Web ページのうち，どれほどのものが真に検索されるべきであったかを示す指標である．

　再現率と適合率はともに高い方が望ましいが，互いにトレードオフの関係にある．すなわち，一方を犠牲にすれば他方を高めることが可能である．たとえば，検索の基準を甘くして少しでも関係のありそうな Web ページは検索結果に入れることにすれば再現率は上がるし，検索の基準を厳しくして確実に関係のありそうな Web ページだけを検索結果に入れることにすれば適合率は向上する．

課　題

7.1　ブール代数の規則のうち（9）吸収律の右側の式を，（6）分配律と（8）単位元と有界性を用いて証明せよ．

7.2　表 7.8 は，2 つの変数 x, y と下位からの繰上り C_{n-1} を入力として，その桁の和 S と上位への繰上り C_n を出力とする全加算回路の真理値表である．a から p までの正しい値を答えよ．

表7.8 全加算回路の真理値表

x	y	C_{n-1}	C_n	S
0	0	0	a	i
0	0	1	b	j
0	1	0	c	k
0	1	1	d	l
1	0	0	e	m
1	0	1	f	n
1	1	0	g	o
1	1	1	h	p

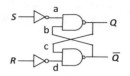

図7.23 RSフリップフロップの動作の確認

7.3 図7.23 は，RS フリップフロップの信号線の一部に記号を付けたものである．入力 $(S, R) = (1, 0)$ が与えられたときに，途中の信号の流れを追い，出力が決まるまでの動作の確認をせよ．

7.4 図7.16 の「成績および出席日数」のリレーションにそのまま加えてしまうと，主キーである「講義コード」と「学生番号」に完全関数従属しなくなり，「学生番号」のみに関数従属する属性は，下記のいずれか．

また，これにそのまま加えてしまうと，主キーに対して推移的関数従属となる属性は下記のいずれか．

（a）担当教員，（b）学生氏名，（c）合格・不合格（S, A, B, C は合格，D は不合格），（d）レポート提出回数

7.5 図7.18 の例で，つぎの論理式により，ブール論理モデルによる照合を行うと，どの Web ページが出力されるか．

「情報」AND（「マージソート」OR「整列」）

7.6 図7.18 の 3 つの Web ページのベクトル空間モデル

$$\boldsymbol{p}_1^{\,T} = [1, 1, 2, 1, 1, 0, 0, 0, 0]$$
$$\boldsymbol{p}_2^{\,T} = [0, 1, 0, 0, 0, 1, 1, 1, 0]$$
$$\boldsymbol{p}_3^{\,T} = [0, 1, 1, 0, 0, 0, 1, 0, 1]$$

に対し，問合せ

$$\boldsymbol{q}^{\,T} = [0, 0, 1, 0, 0, 0, 1, 0, 0]$$

とのコサイン類似度をそれぞれ求めよ．ただし，$\sqrt{2} = 1.414$ として有効数字 3 桁で求めよ．

参 考 文 献

[7.1]　M. E. J. Newman；"Networks, An Introduction," Oxford University Press, 2015.

[7.2]　Ioannis Pitas；"Graph-Based Social Media Analysis," CRC Press, 2016.

[7.3]　石川博，新見礼彦，白石陽，横山昌平；データマイニングと集合知，共立出版，2012.

第8章　使う人にとっての「情報」

ヒューマンインタフェース

　情報は，人を離れては存在しえない．使う人がいて，何らかの現象や事実に関するデータが意味を持って初めて情報となるのである．コンピュータやネットワークやたくさんの情報機器，情報家電などが身の回りに溢れているが，それらは必ずしも使いやすいとはいえない．この章では，情報に関する機器や仕組みを，それを使う人にとって分かりやすく，効率よく，快適にするための方法について学ぶ．

8.1　ヒューマンインタフェースとは

　この節では，ヒューマンインタフェースという用語を導入し，情報を使いやすくする仕組みを考えるための基礎を学ぶ．

8.1.1　人と機器とを接続するヒューマンインタフェース

　インタフェースという言葉をご存知だろうか．たとえば，パソコンのネット販売のサイトで，ある商品のインタフェースについて調べると，そのパソコンの背面や側面に備えられている各種の端子やスロットの写真が掲載されている．そしてその写真にある USB 端子，外付け HDD 接続端子，VGA や HDMI のディスプレイ端子など，それぞれの端子やスロットが説明されている．つまり，もともとインタフェースという言葉は，ある機器をほかの機器に接続するための仕組みを指す言葉である．

　時代とともに機器が大規模化，システム化すると，これを安全に運用するためにこれを制御する人の存在，役割の重要性が認識されるようになった．そして人と機器とを接続する仕組みとして，**マンマシンインタフェース**（man machine interface）という研究分野が生まれた．これが現在，**ヒューマンインタフェース**（human interface）と呼ばれている．

　ヒューマンインタフェースは人と機器とを接続する仕組みなのだから，2つの向きがある．1つは人から機器への向きで，これは人がその機器を操作する

ための仕組みである．もう1つは機器から人への向きで，これはその機器が現在の状態を人に提示するための仕組みである．

　筆者がいま，この原稿を書いているノートパソコンには，人からパソコンへの向き，すなわち操作のためのヒューマンインタフェースとして，マウス，タッチパッド，キーボードが装着されている．また，パソコンから人への向き，すなわち状態提示のためのヒューマンインタフェースとしては，ディスプレイ上のポインタ表示やカーソル表示，ワープロやインターネット等の各種ウインド，操作のための各種アイコン，それから警告音や効果音が使われている．

　人と機器との間におけるこれら2つの向きの情報のやり取りは，**インタラクション**（interaction）と呼ばれる．そして，処理内容が複雑化した現在は，1つの操作のみで目的が達成されることはまれで，このインタラクションによる段階を踏むことで，目的の作業が進行していくのである．

8.1.2　第1接面と第2接面

　ヒューマンインタフェースは今日，情報機器，産業機器，家電機器，など多くの分野で重要な研究テーマであり，かつ，企業が予算を投資する開発課題である．なぜかといえば，機器が情報化，多機能化，自動化してきた現在，それを使う人にとって，使うための理解が難しくなってきたからである．

　「二重接面論」を提唱することで，このことを認知的に説明したのは佐伯である[8.1]．佐伯は，図8.1のように機器には2つの接面があると述べた．その1つは人と機器との間の接面であり，これを**第1接面**と呼んだ．もう1つは機器と対象との間の接面であり，これを**第2接面**と呼んだ．機器を用いて作業をするとき，作業の目的が達成されるのは第2接面にありながら，人がその機器を操作するのは第1接面である．良いヒューマンインタフェースを作るためには，人が接する第1接面の中だけで考えていてはいけなくて，人が行いたい作業そのものをいまやっている機器との関わり合いに結びつけなければならないと，佐伯は述べた．この第1接面がヒューマンインタフェース

図8.1　二重接面モデル
佐伯 [8.1] をもとに作図

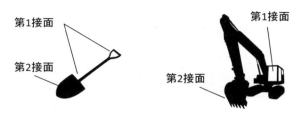

図8.2　シャベルとショベルカー

である.

　作業とは，対象を初期の状態から目標の状態に変化させることである．この作業に，古来，道具や機器が使われてきた．いま，初期状態の平らな地面から目標状態の溝が掘られた地面に移行させるという課題を達成するために，昔からあるシャベルといまのショベルカーとを使うことを比較して，上記のことを考えてみよう（図8.2）.

　シャベルの第1接面は手で持つところと足を掛ける部分であり，第2接面は土にめり込み土をすくうスプーンのような部分である．ショベルカーの第1接面は操縦席にあるレバーであり，第2接面は土にめり込み土をすくう籠のような部分（バケットと呼ばれる）である．両者とも作業者の意識は第2接面に集中しており，ここでうまく課題が進むように第1接面の操作を行う.

　両者の第1接面と第2接面との関係を見てみよう．まず距離は，シャベルでは足を掛けるところから地面まで30 cm くらいと近く，ショベルカーでは作業員の位置からバケットの先までは何メートルかあって遠い．つぎに動きは，シャベルの場合は，第1接面における手足の動きは第2接面の土に対する動きと同じである．これに対しパワーショベルの場合は，第1接面での作業員の動きは操縦席にあるレバーの操作であり，第2接面の土に対する動きとは異なる．また，作業対象である土の固さや状態は，シャベルの場合は第1接面で人が直接感じ取ることができるが，パワーショベルの場合は間接的なものとなる．さらにシャベルの場合はうまく掘るためには力の入れ方などのコツ，あるいは技能が求められるのに対し，パワーショベルの場合は操縦方法などの知識が求められる．このように機器が進化し，多機能化，高性能化，大型化するのに従い，第1接面と第2接面との関係は希薄なものとなっていく.

表8.1　旧来の道具と現在の機器の第1接面と第2接面との関係

	距離	同型性	作業の遂行	習得すべきこと
シャベル	近い	人の動きがそのまま機器の対象への働き掛け	人の感覚で人の力で人が考えて	技能，こつ身体的，物理的直観的
ショベルカー	遠い	人の操作は機器の対象への働き掛けと異なる	センサで動力で自動的に	知識，決め事頭脳的，論理的抽象的

　一般に，同じ目的の作業を行うものでも，旧来の道具と現在の機器とで第1接面と第2接面との関係を比較すると，多くのもので表8.1のような違いがある．

8.1.3　情報システムにおけるヒューマンインタフェース

　この問題を，情報システムについて考えよう．筆者がいまこの原稿を書いている作業において，第1接面は，キーボードとマウスであり，第2接面は生成される文章である．筆者の意識は，生成されていく文章にあり，これはディスプレイに表示される．これに対し第1接面で行われている作業はキーを押すことやマウスを動かすことであり，もし鉛筆を使った手書きならば保たれたはずの同型性は失われている．

　また，ここでもう1つ重要なことは，作業者の意識が第2接面に集中できるようなヒューマンインタフェースであるべきであり，作業者の意識が第1接面に奪われるようなことは避けなければならないということである．キーを押した感覚がはっきりしないキーボードなどの場合，そのようなことが起こる．

　さらに，電子チケットの予約のような作業の場合，作業対象である電子チケット自体が抽象的なものであり，情報システムにおけるヒューマンインタフェースは物理的な構成よりも論理的な構成が重要となる．物理的なものは自然の法則に従うのである程度は想像することができるが，論理的なものは人が決めた約束事にすぎず，知らなければ類推は難しいことが多い．

　最後にもう1つ情報システムにおけるヒューマンインタフェースの難しさについて述べる．それは進化の速さである．昔からある道具は，たくさんの人々

による工夫の積み重ねにより，時間をかけて次第に使い
やすくなっている．たとえば，鉛筆は六角形で，持ちや
すく転がりにくい．食品や歯磨きなどのチューブの蓋
は，回すときに滑りにくいようにギザギザが付いてい
る．そのほかにも身の回りにはたくさんの例を見つける
ことができる．ところが情報システムは，昔からある道

図 8.3　旧式の携帯電話

具とは比較にならないほど進化が速いのである．いまでは「ガラケー」と呼ば
れている旧式の携帯電話（図 8.3）も，多くの人々が使っていた時代にはめま
ぐるしく進化し，ヒューマンインタフェースはそれぞれに工夫されていたが，
完成形を見ることはなかった．したがって，情報システムのヒューマンインタ
フェースは，時間をかけて自然に使いやすくなることを期待できないのである．

　以上のように，情報システムにおいては第 1 接面と第 2 接面との乖離，作業
対象の抽象化，進化の速さという側面がある．このため，情報システムを使う
人が，作業におけるインタラクションにおいて，どのように判断し，どのよう
な操作を行うであろうか，ということを予測してヒューマンインタフェースを
設計し，「作り込む」必要がある．このため，多くの研究や開発が行われてい
るのである．

8.2　GUIとポインティングデバイス

　現在ではチケットの予約，ネット上での買い物，知りたい情報の閲覧，その
ほか多くのことが，画面上のアイコンや選択ボタンなどをクリックし，つぎに
現れた画面で再び操作を行うといったインタラクションを繰り返すことにより
達成される．この仕組みは，GUI と呼ばれるヒューマンインタフェースであり，
これを可能にしているのがポインティングデバイスである．

8.2.1　GUIとCUI

　かつての情報システムは，**CUI**（character user interface）と呼ばれるヒュー
マンインタフェースを用いていた．これは，人からシステムに対する操作はキー
ボードからの文字列入力で行い，システムから人への表示も文字列で行うもの
である．これを利用するためには，コマンドと呼ばれる命令の体系を習得しな

ければならなかった.

　現在の情報システムでは，この CUI も一部では残っているが，多くのもの
が **GUI**（graphical user interface）を採用している．これは，人からシステム
に対する操作はポインティングデバイスからの入力で行い，システムから人へ
の表示は画像の一部として視覚的に表現されるウインド，メニューバー，プル
ダウンメニュー，アイコン，チェックボックス，選択ボタン，テキストボック
スにより行うものである．視覚的な表現は直感的理解を助け，コンピュータの
専門的知識を持たない人々にも使いやすいヒューマンインタフェースとなって
いる．この GUI の出現が，情報システムの急速的な普及を可能にしたといえる.
GUI はパーソナルコンピュータのみならず，スマートフォンや公共の場の情
報端末などに使用され，たくさんの人が自然にこれを使えるようになっている.

8.2.2　ポインティングデバイス

　GUI には，画面上の位置を指定する**ポインティングデバイス**（pointing
device）が必要である．これまでいくつものポインティングデバイスが開発さ
れ，用途に応じて使われてきた．表8.2は，代表的なポインティングデバイス
を，画面上の位置指定が間接か直接か，および位置指定に道具を使うか否かで
分類したものである．それぞれ，以下に説明していく.

　間接位置指定というのは，画面上の一点を画面から離れた位置で指定するこ
とである．この場合，ポインティングデバイスが現在，画面上のどこを指し示
しているのかを明らかにしなければならない．それを示すのが，矢印の形をし
た**ポインタ**（pointer）や縦棒が点滅している**カーソル**（cursor）である．ポ
インタは画面上の任意の位置を指し示すのに用いられ，カーソルは文章中の位

表8.2　ポインティングデバイス

	間接位置指定	直接位置指定
道具で位置指定	マウス トラックボール ジョイスティック ポインティングスティック	ライトペン スタイラスペン （タッチペン）
指で位置指定	タッチパッド	タッチパネル

置を指し示すのに用いられる．

　これに対し直接位置指定というのは，画面上の位置を直接その画面上で指定することである．これは，作業において意識が集中している第2接面と人の動作が行われる第1接面とが一致することとなり，認知的にとても分かりやすい方法である．もちろんこの場合は，ポインタもカーソルも必要としない．

　また，位置指定をするのが道具か指かという点も，用途によりそれぞれの得失がある．

a.　道具で間接位置指定

　このカテゴリーに分類されるものが多いのは，用途が広く作業効率も高いからであろう．ここでは4つのポインティングデバイスを挙げたが，これらのうちマウスとほかの3つとには大きな違いがある．それはマウスは動き回るが，ほかの3つは決まった位置に固定されているという違いである．

　マウス（mouse）（図8.4）はパーソナルコンピュータを扱う際にもっとも一般的なポインティングデバイスである．マウスの動きに合わせてポインタやカーソルが動くのできわめて直感的であり，このため，第1接面であるマウスを持つところはほとんど無意識に操作でき，意

図8.4　マウス

識を第2接面である画面上の作業に集中させることができる．また，マウスには通常ボタンが付いており，これを用いて選択や決定，あるいはコンテクストメニューの表示などを行う．さらに，マウス上面前方には縦にホイールが付いており，ウインド内のスクロールなどに用いられる．そのほかにも現在のマウスにはポインティング以外の入力手段が付け加えられていることが多い．このことは，ポインティング以外の操作もマウス1つで可能にし，作業性の向上につながっている．さらにマウスは使用時に手のひらへの収まりが良く，上記のボタンやホイールも自然に指がいく位置にあって使い心地が良い．一方，マウスの弱点は，上述のように動かして使うので，そのための場所が必要なことである．また，フリーハンドの字を書いたり絵を描いたりすることもマウスには不得意な分野である．

　トラックボール（trackball）は，球が筐体に埋め込まれており，その一部が露出した構造となっている．この露出した部分の球を転がすように回すことに

図8.5　トラックボール
　　　　マウス

より，ポインティングを行う．トラックボールの利点は，操作するための場所を取らないこと，船上などの揺れる場所でも比較的安定して使えることである．マウスにトラックボールを取り入れ，親指で転がして操作するトラックボールマウスというものもある（図8.5）．一方弱点は，習熟しないとうまく使うことができない点である．

ジョイスティック（joystick）は，筐体上に立てられた棒状のデバイスで，これを傾けることによりポインティングを行う．マウスと同様に，ジョイスティックを握る手に合わせて使いやすい位置に操作ボタンなどを配置することができる．これは，航空機の操縦桿が起源といわれるが，現在ではゲーム機の入力デバイスとして普及している．

ポインティングスティック（pointing stick）（図8.6）は，ノートパソコンでキーボードの中央に付いている小さな突起で，これを倒すことによりポインティングを行う．小さいので，細かい操作をするときや，大きくポインタなどを動かすときには不便である．マウスが使えない場合の代替手段である．

b.　指で間接位置指定

図8.6　ポインティングス
　　　　ティック

図8.7　タッチパッド
キーボードの手前の窪んだ
四角形の部分

タッチパッド（touchpad）（図8.7）は，ノートパソコンでキーボードの手前についている数センチメートル四方程度の接触センサである．ポインタなどを動かしたい向きにこの上を指でなぞることにより，ポインティングを行う．これもキーボードの手前というスペースの制約により大きくすることはできないため，操作性はあまりよくない．たとえば大きくポインタを動かす場合には，何度にも分けて入力する必要がある．また，キーボードの手前にあるため，キーボード入力中に無意識に触れてしまい，カーソルが別の位置に跳んで，文章中の思わぬ場所に文字列を書いていることに気づき，後から修正を要するというような欠点もある．しかし，マウスが使えない場所でポインティングができる利点はある．

c.　道具で直接位置指定

ライトペン（light pen），**スタイラスペン**（stylus pen）（タッチペン）（図 8.8）は，ペン型のポインティングデバイスで，ペンと同じように持って画面上でポインティング操作を行う．その利点は，なんといっても微細な操作が可能なことであり，これは特に線描（drawing）や精密な位置指定に威力

図 8.8　スタイラスペン

を発揮する．たとえば，Windows の IME パッドを使って読めない漢字を入力するとき，四角の枠の中にその漢字をポインティングデバイスを用いて手書きで書くことになるが，よく使うマウスをはじめ，ペン型以外のポインティングデバイスでは入力がとても困難である．この特長を生かして，ペン型のポインティングデバイスは，イラストやデザインを描いたり，CAD（computer-aided design: コンピュータによる設計支援ツール）の操作をしたりするのに便利である．さらに最近ではこのデバイスを使って，販売員が客の同意の印に，タブレット PC の画面に客の署名を求めることも多い．

また，認知的側面を考えると，第1接面と第2接面とが一致しているので，意識と操作とが自然に結びつくことも，大きな特長である．

一方欠点は，立ててあるディスプレイで使うと手が疲れることや，キーボードとともに使う場合には置いてあるものを取り上げたり，また置いたりする動作が煩わしいことである．これに加え，画面の損傷に対する対策も必要である．

最近よく見かけるペン型のポインティングデバイスの歴史は古く，ライトペンは 1950 年代から存在した．これは CRT（cathode-ray tube: 陰極線管，いわゆるブラウン管）の画面上で，その走査光を検知してポインティングを行うデバイスであり，ケーブルで本体とつながっていた．近年のスタイラスペン（タッチペン）は，PDA（personal digital assistant）やタブレット PC とともに普及した．これらは筐体面の多くをディスプレイが占め，これを手で持って寝かせた状態で使うので，ペン入力に向いている．近年のスタイラスペン（タッチペン）の位置の検知方式には，感圧方式と静電容量方式がある．最近は静電容量方式の方が増えているが，感圧方式では筆圧を検知して線の太さを変えられるものもある．

図8.9　タッチパネル
学内の証明書自動発行機の
もの

d.　指で直接位置指定

タッチパネル（touch panel）（図8.9）は，ディス
プレイ上の位置を直接指で触れることにより，ポイン
ティングを行うデバイスである．その利点は，直感的
操作である．それは第1接面と第2接面とが一致して
いることに加え，道具を用いずに直接指で操作すると
いうことに起因する．このことは，「誰でもが使える
情報機器」の普及に大きく寄与してきた．特に，初め
て使う人でも支障なく目的を果たすことができなけれ
ばならない情報機器には，このデバイスが多く用いら
れている．たとえば，切符をはじめ各種の自動販売機，
銀行のATM（automated teller machine: 現金自動預け払い機），コンビニエ
ンスストアのチケット予約や料金支払いの端末，回転寿司の注文システム，学
内の証明書自動発行機など，枚挙にいとまがない．もちろんスマートフォンで
もこのデバイスが採用されており，静的なポインティングに留まらず，動的な
指入力，すなわちタップ，フリック，スワイプ，ピンチイン/アウトなどの多
様なジェスチャにも対応している．

　一方欠点はまず，細かい位置指定ができないことである．このため，タッチ
パネルの画面デザインでは，指の太さやポインティングの不正確さを考慮して，
指でタッチすべき選択肢はある程度広い面積を持っている．また，指で直接触
れるため，画面が汚れやすいことも欠点である．さらに，上記の自動販売機や
ATM，コンビニエンスストアの端末のように，ユーザが立って使用する機器の
場合，ユーザとの距離や手との位置関係なども考慮して設計する必要がある．

8.2.3　3状態モデル

　以上のようにさまざまなポインティングデバイスが利用されているが，それ
らの入力処理の原理を統一的に示したものがBuxtonの**3状態モデル**（three-
state model）である[8.2, 8.3]．

　まずマウスについて考える．ボタンを押さないでマウスを動かすときの状態
1は**トラッキング**（tracking）である．この場合，マウスの動きはポインタの

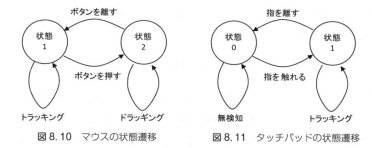

図8.10 マウスの状態遷移　　　図8.11 タッチパッドの状態遷移

動きとなる．そしてアイコンのところでボタンを押し，押したままでマウスを動かすときの状態2は，**ドラッギング**（dragging）である．この場合，マウスの動きによりアイコンが移動する．再びボタンを離すと状態1に戻る．マウスの状態遷移を図8.10に示す．

つぎにタッチパッドについて考える．タッチパッドに指を触れていないときの状態0は，**無検知状態**（out of range）である．すなわちシステムは，指の位置を検知できないため，指の動きはシステムに何の影響も与えない．そして指をタッチパッドに触れたときに前述の状態1となり，ポインタの動きは指の動きに従う．指をタッチパッドから離すと，再び状態0に戻る．タッチパッドの状態遷移を図8.11に示す．

そしてボタン付きのスタイラスペンについて考える．スタイラスペンをディスプレイに付けず，ボタンも押していないときは，状態0である．つまり，この場合スタイラスペンの動きはシステムに何の効果も与えない．そしてこの状態からスタイラスペンをディスプレイに付けるとポインタはスタイラスペンの動きに従うようになり，状態1に移行する．さらにその状態でボタンを押せば，

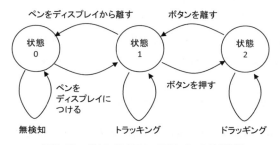

図8.12 ボタン付きスタイラスペンの状態遷移

（機種にもよるが）アイコンを掴んで移動させる状態 2 に移行する．スタイラ
スペンの状態遷移を図 8.12 に示す．

8.3　ユーザビリティ

　情報システムのヒューマンインタフェース設計の必要性について 8.1.3 項で
述べた．それではどういう設計をすればよいのかといえば，それは使いやすい
ヒューマンインタフェースの設計である．さらに追求して「使いやすい」とは
どういうことか．このことを体系化した概念がユーザビリティである．

8.3.1　ユーザビリティの定義
　ユーザビリティ（usability）は，ISO 9241-11 を引用して，JIS Z 8521 につ
ぎのように定義されている．

　使用性（usability）：ある製品が，指定された利用者によって，指定された利用の
　状況下で，指定された目的を達成するために用いられる際の，有効さ，効率及び
　利用者の満足度の度合い．

　ここでまず注目したいことは，3 回も繰り返される「指定された」という限
定である．すなわち，「誰にとっても，どんな状況下でも，いかなる目的に対
しても使いやすい」とはいっていないことである．そもそもメーカーは製品企
画の段階でターゲットユーザを絞っており，その人たちがどういう風に何のた
めに使うのかということを想定して製品の仕様を決めているのである．その条
件の中で使いやすいことを目指すのである．逆に，「誰が，どう，何のために使っ
ても便利なもの」を目指せば，結局は中途半端な仕様となり，誰にとってもあ
まり使いやすくないものになってしまう．
　つぎに注目したいことは，「満足度の度合い」という基準である．つまり，
このような主観的な基準を排除しなかったことに，この規格の価値があると考
えられる．
　さらにこの規格では，上記の文章にある用語を下記のように定義している．

　有効さ（effectiveness）：利用者が，指定された目的を達成する上での正確さ及

び完全さ.

効率 (efficiency)：利用者が，目的を達成する際に正確さと完全さに関連して費やした資源.

満足度 (satisfaction)：不快さのないこと，及び製品使用に対しての肯定的な態度.

利用の状況 (context of use)：利用者，仕事，装置（ハードウェア，ソフトウェア，及び資材），並びに製品が使用される物理的及び社会的環境.

利用者 (user)：製品とやり取りする人間.

目的 (goal)：意図している結果.

製品 (product)：使用性を指定又は評価しようとする装置（ハードウェア，ソフトウェア，及び資材）の部分.

8.3.2 ユーザビリティの位置付け

ユーザビリティは製品にとって重要な性質であるが，J. Nielsen はそれがほかにもある重要な性質のどの部分に位置付けられるのかを示した[8.4, 8.5]. その位置付けを図 8.13 に示す.

Nielsen は，「**システム受容性**」という性質を最上位に掲げた. そしてこれを「**社会的受容性**」と「**実務的受容性**」とに分けている. これは，いくら実務的には良いものであっても，社会的に受け入れられないものもあるということである. たとえば，いまでは個人の買い物情報や閲覧情報，さらには位置情報までもが

図 8.13　ユーザビリティの位置付け

モニタリングされるようになり，これはきめ細かなサービスにつながるが，一方では一定の制限を掛けないと社会的な問題につながるという意見もある．

「実務的受容性」は，さらに「**有用性**」，「**コスト**」，「**互換性**」，「**信頼性**」に展開される．ここには「よい製品」として受け入れられるための具体的な諸条件が並んでおり，その中の1つとして「有用性」，すなわち目的を達成できることがある．

この「有用性」をさらに2つに分け，一方を「**実用性**」，他方を「**ユーザビリティ**」と呼んだ．これは，製品がどれだけ良い性能や機能を持っていてもそれらが発揮されるためには，ユーザがそれを使えることが必要であるという考え方である．

8.3.3 ユーザビリティの構成

J. Nielsen は，ユーザビリティの内容を5つの構成要素で説明した．これを図8.14 に示す．この構成で気をつけなければならないことは，最初の3つが名前から直接想像されることではなく，3つのユーザタイプを意味していることである．以下，順に説明する．

まず，「**学習しやすさ**」という構成要素は，初心者にとっての性質を意味している．製品には，すぐに使えるようになるが慣れても生産性の上がらないものもあるし，使えるようになるためにはそれなりの学習が必要であるが一度習得すれば生産性を上げられるものもある．この構成要素は，このうちの使い始めの段階でのことをいっている．公共の情報機器の中には，初めて使うときでもうまく使えなければならないものも多い．たとえば駅の券売機やロッカー，あるいはコンビニエンスストアのチケット予約や料金支払いの端末では，自分の後ろに人が待っている場合もあり，一度目でもうまく使えないと困る．

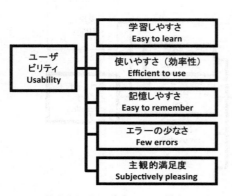

図 8.14 ユーザビリティの構成

つぎの「**使いやすさ（効率性）**」は，

学習して使い方を習得したユーザにとっての性質を意味している．熟練した
ユーザが生産性を上げられることは，特に産業システムやビジネスシステムで
強く求められる．また，設計において，熟練ユーザ向けのヒューマンインタ
フェース機能を設けることも行われている．初心者ならマウスでメニューを
使って行う操作を効率よくできるようにするために用意されているショート
カット機能も，その一例である．

　そのつぎの「**記憶しやすさ**」は，不定期ユーザにとっての性質を意味してい
る．不定期ユーザとは，持続的にではなく断続的にシステムを使うユーザであ
る．たとえば，ある特殊な仕事にしか使わないソフトウェアを久しぶりに使う
とき，私たちはこのタイプのユーザとなる．このとき，私たちはすぐに使い始
めることはできないが，過去には使ったことがあるので，一から使い方を学習
する必要はなく，それを思い出せばよい．使用の流れの中で思い出すきっかけ
を与える機能が重要である．

　4つ目と5つ目は，名前のとおりの内容である．「**エラーの少なさ**」は，エラー
が少ないシステムの方が良いということである．ただし，エラーには2種類あ
ると考えると，現実的である．1つは，やり直せばすむエラーで，生産性がや
や落ちる程度ととらえるエラーである．たとえば，かな漢字変換では，正しい
漢字に変換されなければユーザが選び直せばよいと割り切ることで，実用的な
システムとなった．もう1つは，回復ができない致命的なエラーである．たと
えば，情報を消去するとその時点で完全に消去され，消去したことを取り消せ
ない場合がある．このようなエラーは，発生確率をできるだけ低く抑えること
が必要である．

　最後の「**主観的満足度**」は，システムを使うことの満足さのことである．単
に生産性が高いだけでなく，ユーザが快適に使えることが製品・システムには
求められる．これはゲームや家電のような娯楽的要素のあるものだけでなく，
産業システムやビジネスシステムでも同様である．たとえば筆者は先日，仕事
でMS-Wordを使っているとき，「ホーム」のタブの中で特定のコマンドボタ
ンを探していて，誤ってリボン（タブの下部にあるコマンドボタン全体の帯状
の領域）を非表示にしてしまった．それほど苦労はせずに再表示する方法は見
つかったのであるが，もし，筆者がこのソフトに対して否定的な感情を持って

いたらこの事態は不快なエラーとして認識されるであろう．逆に，肯定的な感情を持っていたら，「こういうこともできたのか．今度画面を広く使うときに利用してみよう」と思い，このソフトの利用技術が向上するであろう．特に情報システムでは，操作に対して不測の事態に至ることがまれにある．そのときに普段からの主観的満足度は，その後のユーザと製品との関係を左右するのである．

課　題

8.1　同じ目的の作業を行う旧来の道具と現在の機器として，ペンとワープロを考える．

　まず，それぞれの第1接面と第2接面がどの部分であるかを答えよ．

　つぎに，それぞれの第1接面と第2接面との関係を比較し，表8.1のような形式でまとめよ．ただし，比較の項目は，表8.1のものを用いても構わないが，これらに限らず各自工夫せよ．

参 考 文 献

[8.1]　佐伯胖；インタフェースと認知工学，情報処理，vol. 30, no. 1, pp. 2-14, 1989.

[8.2]　W. Buxton；A three-state model of graphical input, in D. Diaper et al. (Eds)；Human-Computer Interaction INTERACT '90, Elsevier Science Publishers B. V. (North-Holland), pp. 449-456, 1990.

[8.3]　12.5.2 Three-state model, in A. Dix, et al.；Human-Computer Interaction, Third Edition, Peason Education Limited, pp. 441-443, 2004.

[8.4]　J. Nielsen；Usability Engineering, Academic Press, 1993.

[8.5]　ヤコブ・ニールセン著，篠原稔和，三好かおる訳；ユーザビリティエンジニアリング原論，東京電機大学出版局，2009.

第9章 社会・産業の中での「情報」

「情報」と個人，産業，そして職業

　最後の章では，ここまでで学んだ理論や技術を踏まえて，社会・産業の中での「情報」について考える．特に3つの観点，すなわち，個人，産業，そして職業の観点から，「情報」を見てみる．また，この章では，白書などの公的な統計データに基づいて議論を進めるが，そのデータのいくつかは読者のみなさんが予想していた姿とは異なっていると思う．そのことを，みなさん自身が，まず感じ，よく考え，そしてその結果を自分の行動に結びつけていただきたい．

9.1 「情報」と個人

　「情報」と個人との関わり合い，およびその推移について，公的統計に基づき，要点を押さえていく．普段何気なく使っている情報入手手段について，改めて意識的に考えてほしい．本節では，現在の私たちにとって切り離すことができない，そしていまも変化の途上であるインターネットに焦点を当てて，この問題を考える．

9.1.1 インターネットの普及

　個人にとって情報との関わり合いの中で，この10年，20年で大きく変わった，そしていまも変わりつつあるものは，インターネットを介した情報の利用である．このインターネットの利用について，この何年かの推移と現状を統計に基づき概観する．

　日本におけるインターネット利用状況の推移を図9.1に示す．1997年当時のインターネットは，従業者100人以上の企業では2/3ほどが利用していたが，世帯，個人，および従業者5名以上の事業所ではせいぜい10%程度しか利用されていなかったことが分かる．それが数年間で急速に普及し，2017年には世帯も個人も80%以上利用するようになっている．

　ここで，2.2.2項の図2.2を再び見てほしい．インターネットに関する記事の件数が，ほとんど0に近い値から，1995年から1999年までの期間で15,530件，

2000年から2004年までの期間でその2倍の30,094件という大躍進を遂げている．この10年間は，図9.1のインターネット利用状況の推移に一致している．すなわち，新聞紙上での社会的報道と，普通の人々の身近な利用とが呼応した一例である．

　情報通信機器の世帯保有率の推移を図9.2に示す．この図でもっとも顕著なのはスマートフォンの伸びであり，2010年には10%であったものが3年間で

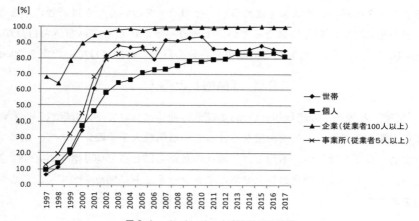

図9.1　インターネット利用状況の推移
総務省；情報通信統計データベース［9.1］より作図

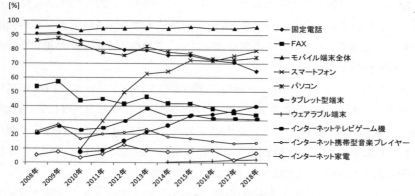

図9.2　情報通信機器の世帯保有率の推移
令和元年版情報通信白書［9.2］より作図

60% を超え，2016 年を過ぎるとパソコンを追い越している．このスマートフォンの伸びは，前記の図 9.1 の個人によるインターネット利用の約 10 年後の潮流である．一方，これに対して固定電話は徐々に保有率が減り，2018 年には 64.5% となっている．

9.1.2 インターネット利用の実態

　以上のように，**インターネットの利用**は個人まで広がり，それをスマートフォンで見ることが多くなった．それでは人々はインターネットを何に使っているのか．その調査結果が図 9.3 である．電子メールが一番多く，80% を超えていることは予想にたがわない．また，無料の地図・交通情報や無料の天気予報がこれに次いで多く，60% 台後半の割合となっていることは，インターネットの屋外での利用が進んでいることを印象付ける．また，そのほかの項目を見ても，知識の獲得や娯楽など，幅広い範囲でインターネットが利用されていることが分かる．

　インターネットの利用が人々の生活や活動に浸透していることを概観した

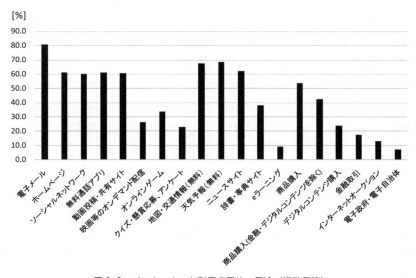

図 9.3　インターネット利用の目的・用途（複数回答）
令和元年版情報通信白書 [9.2] より作図

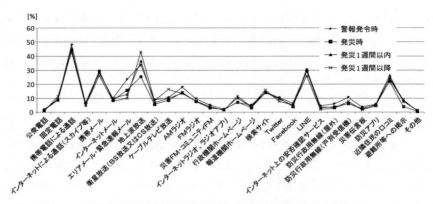

図9.4　平成30年7月豪雨において情報収集に利用した手段
令和元年版情報通信白書［9.3］より作図

が，それでは，肝心なとき，大規模災害時に，インターネットは情報源として
どこまで信頼できるのであろうか．図9.4は，平成30年7月豪雨の際に人々
が情報収集に利用した手段を，時系列として集計したものである．警報発令
時から発災1週間以降まで一貫してもっとも情報収集に使われたものは携帯電
話による通話であることが分かる．地上波放送，LINE，携帯メールがこれに
続いている．地上波放送の利用の推移は特徴的であり，警報発令時，発災時，
発災1週間以内，発災1週間以降で，情報収集に利用した割合は，それぞれ
33.7%，25.4%，36.4%，42.9%となっている．白書[9.3]では，その理由を，「洪
水や土砂災害の発災直前〜発災時は場所による状況の違いが大きいことから，放送
以外の手段でのよりきめの細かい情報が求められた一方，復旧期の情報収集では放
送が活用された」と考察している．総じて見ると，日常から緊急時まで，インター
ネットによる情報収集は現代人にとって欠かすことのできないものとなってい
ることが分かる．

9.2　「情報」と産業

　本節では，情報通信産業の国内的な位置付け，国際社会の中での状況，日進
月歩の情報産業に欠かすことのできない研究開発，そして日本の情報通信産業
の特徴について考察する．

9.2.1 情報通信産業の国内での位置付け

　日本において，さまざまな産業の中で「情報」に関わる産業はどのような位置を占めているのであろうか．図 9.5 は，2017 年の主な産業の**実質国内生産額**を示したものである．図から分かるように，情報通信産業は 99.8 兆円である．これは全産業の 10.2% にあたり，最大の割合を占めている．

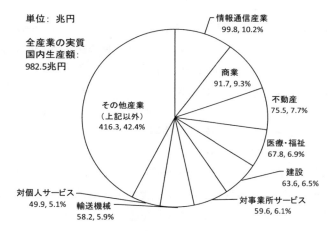

図 9.5　実質国内生産額（2017 年）
令和元年版情報通信白書［9.4］より作図

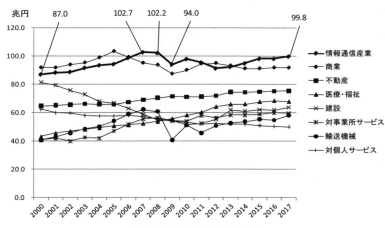

図 9.6　実質国内生産額の推移
令和元年版情報通信白書［9.4］より作図

　図9.6は，主な産業の実質国内生産額の推移を示したものである．2000年の情報通信産業の実質国内生産額は87.0兆円であった．これが徐々に増加し，2007年には102.7兆円，2008年には102.2兆円となったが，2008年9月に起きたリーマンショックにより2009年には94.0兆円まで減少した．一時は，最大の実質国内生産額の座を商業に明け渡したが，2014年には再びその座を取り戻して現在に至っている．

　情報通信産業の推移と類似した変遷をたどっているのは輸送機械である．両者の折れ線グラフは似た形をしているが，輸送機械の振れ幅は情報通信産業よりも大きい．情報通信産業も輸送機械も技術開発の国際競争が激しく，常に巨額の投資とそれに見合う収益とが必要となる分野である．

9.2.2　国際社会の中での情報通信産業

　日本の情報通信産業を，国際社会の中で捉える．図9.7は，財・サービスの実質輸出額と実質輸入額を **ICT**（information and communication technology；情報通信技術）関連と一般関係とに分けて推移として示したものである．ここで，ICT財とは，パソコン，携帯電話などの通信機器，集積回路等の電子部品，テレビ，ラジオなどのことで，ICTサービスとは，固定・移動電気通信サービス，放送サービス，ソフトウェア業，新聞・出版などのことである．また，すべての財のうちICT財以外のものを一般財，すべてのサービスのうちICTサービス以外のものを一般サービスとしている[9.4]．

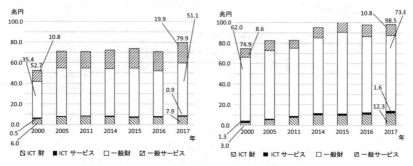

図9.7　財・サービスの実質輸出額（左）と実質輸入額（右）
令和元年版情報通信白書［9.4］より作図

　2017 年の全体の実質輸出額は 79.9 兆円，実質輸入額は 98.5 兆円で輸入超過である．そのうち ICT 財と ICT サービスの合計は輸出で 8.8 兆円，輸入で 13.9 兆円であり，こちらも輸入超過である．4 つの区分のうち，一般サービスだけは輸出超過である．

　これと比較して 2000 年当時を見ると，ICT 財は輸出で 6.0 兆円，輸入で 3.0 兆円で，規模は大きくはないものの輸出超過であった．この輸出超過が一変して輸入超過に転じたのは 2014 年である．

　一方，ICT サービスは，2000 年から一貫して輸入超過である．また，一般サービスは 2000 年から一貫して輸出超過である．

9.2.3　情報通信産業の研究開発

　2017 年度の我が国の科学技術研究費の総額（企業，非営利団体・公的機関および大学等の研究費の合計）は 19 兆 504 億円であり，このうち約 7 割を占める企業の研究費は 13 兆 7,989 億円である．また，企業の研究費のうち情報通信産業の研究費は 3 兆 7,117 億円（26.9%）を占めている[9.4]．

　図 9.8 は企業の研究費の割合を示している．**情報通信産業の研究費**の中でも，情報通信機械器具製造業の研究費がもっとも多いことが分かる．

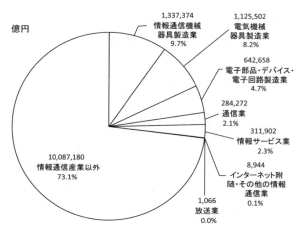

図 9.8　企業の研究費の割合（2017 年）
令和元年版情報通信白書［9.4］より作図

9.2.4　日本の情報通信産業の特徴

　1989 年から 2017 年までの ICT 投資の推移は，米国では 1,476 億ドルから 6,551 億ドルと 4.44 倍に伸びたのに対し，日本では 14.3 兆円から 16.3 兆円と 1.14 倍に留まっている．一方，ICT 投資のうちでソフトウェアが占める割合の推移は，米国では 37.5% から 61.9% に増加したのに対し，日本では 28.3% から 64.2% に増加し，米国と同水準である[9.5]．

　情報通信産業への投資において，日本の特徴が現れるのはこのソフトウェアへの投資の内訳である．それは，ユーザ企業において情報システムを自社で開発することが少なく，この開発を外部に委託する形態が主流ということである．

　日本では，1980 年代末から 1990 年代にかけて，企業において情報システムの構築などはコア業務でないとして外部委託が進み，その結果，ICT 企業による受託開発中心の情報システム構築という構造が形成された．このことは，特に非製造業において業務改革などを伴わない ICT の導入をもたらし，その結果 ICT が十分な効果を発揮できず，積極的な投資にもつながらなかった可能性があるとの見解を令和元年版情報通信白書は示している[9.6]．

9.3　「情報」と職業

　以上，「情報」を個人の観点と産業の観点から見てきた．若い読者の中には，将来「情報」に関わる仕事をしたい，と考えている方々も多いことと思う．本節では，上述のことを踏まえて，「情報」を職業の観点から考察する．

9.3.1　ICT 技術者はどこにいるのか

　筆者は大学の工学部の情報系学科，専攻に勤めているが，卒業生・修了生の多くが ICT 系の企業に就職する．これは，それらの企業からの求人が多く，採用にも熱心であるという外的要因によるところが大きい．一方，単に「情報系を出たから ICT 系」といういささか短絡的な内的要因によっている学生も散見される．就職は学業で身に着けた能力を発揮して社会で活躍するための舞台選びであるから，客観的データに基づいて，自分の考えと意思を持ってその舞台選びをすべきである．

　まず，ICT 人材は産業界のどこに分布しているのかを確認する．図 9.9 は，

各国の情報処理・通信に携わる人材の配置を，ICT 企業とそれ以外の企業との割合で示したものである．なお，「IT 白書」では，「ICT」ではなく「IT」という用語が用いられている．しかし本書では，両者の違いに関する議論を避け，論旨を混乱させないために，以下，それらを「ICT」と置き換えて記す．この図からも分かるように，日本の **ICT 技術者** の 72% が ICT 企業に所属しており，この割合は米国 35%，カナダ 44%，イギリス 46%，ドイツ 38%，フランス

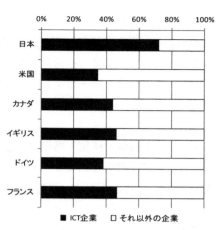

図 9.9　情報処理・通信に携わる人材の割合
IT 人材白書 2019 [9.7] より作図

47% と比較して顕著に高い．この原因は，前項に述べた理由，すなわちユーザ企業が情報システムを自社内で開発せず，ICT 企業に外注するということに起因している．これに対し，令和元年版情報通信白書や ICT 人材白書 2019 は，ユーザ企業側への ICT 人材の再配置をすすめる必要性，また，そのために人材の流動性を高めることの必要性を説いている[9.7, 9.8]．

　しかし一方では，令和元年版情報通信白書[9.8] でも紹介されているように，2017 年にある自動車メーカーが，大手 ICT 企業の事業所が集まる JR 南武線（川崎市）沿線の駅に大々的な求人広告を出したことが話題になった．このように，ユーザ企業が ICT 人材を求める動きは広まっており，筆者も特に大学の進路担当の役についた年は，ユーザ企業の採用担当者との面談の中でこのことを強く感じた．これは，たとえば自動車会社では CASE（connected；つながる，autonomous；自動運転，shared；共有，electric 電動化の頭文字を並べた言葉で自動車に関わる大変革を意味する）の技術開発のために，機械会社では IoT の導入やビッグデータ利用のために，金融ではフィンテック（finance；金融と technology；技術とを組み合わせた言葉で ICT を駆使した金融サービスの潮流を意味する）を実現するために，それぞれ ICT 技術者が不可欠であるからである．

　このように，情報系を専攻した学生がICT企業に集中するのは日本の特徴であること，また，情報技術の発展に伴いユーザ企業がICT技術者を求める動きが出てきていることを認識した上で，活躍の舞台選びをするべきである．ただし，客観的なデータは重視しつつも，その解釈や見解は，あくまで自分の考えをもって行うべきである．

9.3.2　どんな人がICT技術者になるのか

　つぎに，**ICT技術者**として働いている人たちが，どのような人たちなのかを見てみよう．図9.10は，ICT技術者の最終学歴での専攻を，ICT企業とユーザ企業で集計，比較したものである．

　この図を見て，読者のみなさんは何を感じたであろうか．おそらく多くの読者が，ICT技術者として働いている人たちの大半が情報系の出身者だと思っていたのではないだろうか．しかしこの調査によれば，ICT企業では情報系を専攻した人たちがもっとも多いが，それでも38.9%であり，ユーザ企業では，情報系出身者（17.2%）よりもそれ以外の工学系出身者（19.8%）の方が多いことが分かる．さらにいえば，いわゆる理系（情報系，情報系以外の理学系，情報系以外の工学系，その他の理系の和）を専攻した人の割合は，ICT企業で63.9%，ユーザ企業で49.4%であり，確かに多数を占めてはいるが，理系以外を専攻した人がそれだけたくさんICT技術者として働いていることにも着目すべきである．

　このことは，筆者がこの節の冒頭で，単に「情報系を出たからICT系」という考え方が短絡的であると述べた理由の1つである．第1章で，1970年に情報系の学科が設立されはじめたことを確認したが，それから半世紀が経過した現在，情報はすでに特別のものではないのである．情報系を専攻した強みというのは，プログラミングなど特定の技能を習得したことではなく，情報に関わる幅広い領域の学問をバランスよく習得したこと，そしてそのことにより，就職してから必要となるたくさんの理論や技術を，自分の力で学び，仕事に活用できるだけの下地を身に着けたことにあるのである．そう考えると，情報系の学問を修めた者の活躍の場は，ICT企業に限らず，もっとずっと広い世界にあることに気づくはずである．

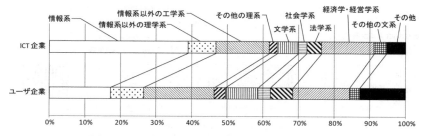

図 9.10 ICT 企業における ICT 技術者の最終学歴での専攻
IT 人材白書 2017 [9.9], [9.10] より作図

　一方，情報系以外の理系の学科を卒業，修了した人たち，ひいては文系の学部，学科を卒業，修了した人たちも，「情報」を職業とすることにもっと果敢になってもよいと思う．そういう人たちが実際に ICT 技術者として活躍していることを，図 9.10 は示している．

9.3.3　ICT 技術者はどんな仕事をしているのか

　つぎに，**ICT 技術者**として働いている人たちが，実際にはどのような仕事をしているのかを見てみよう．図 9.11 a, b は，ICT 技術者の職種を ICT 企業とユーザ企業で集計したものである．ICT 企業ではアプリ系技術者が 45.2% ともっとも多い．これに，ICT 業務のプロジェクトマネージャ（16.7%），インフラ系技術者（12.2%）が続いている．ユーザ企業では，社内システム運用管理が 31.3% ともっとも多く，これに社内システム導入・開発・保守（14.3%），社内業務プロセス設計（13.9%）が続いている．

　今度は逆に，どんな仕事で，**ICT 技術者**が求められているのかを見てみよう．図 9.12 は，ICT リテラシーを特に必要と感じる部門をまとめたものである．ICT リテラシーについて，特に必要性を感じる部門を尋ねると，生産管理・生産技術部門（52.8%），製造部門（46.2%），品質管理・品質保証部門（31.6%）を挙げる企業が多い[9.11]．このことを，2019 年版ものづくり白書[9.11] は，つぎのように解釈している．

　日本の製造業は，生産管理や製造工程における現場の課題解決力や熟練技能を強みと認識している．これらを強みとして活かしていくためには，デジタル化が進

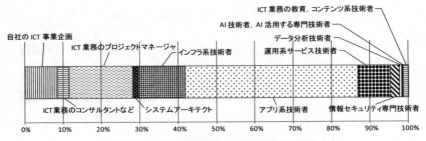

図 9.11a　ICT 企業における ICT 技術者の職種
IT 人材白書 2017 [9.9] より作図

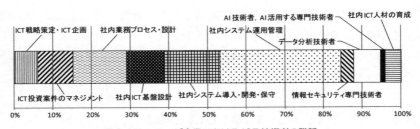

図 9.11b　ユーザ企業における ICT 技術者の職種
IT 人材白書 2017 [9.10] より作図

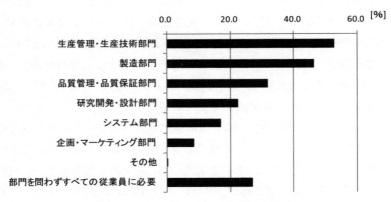

図 9.12　ICT リテラシーを特に必要と感じる部門
2019 年版ものづくり白書 [9.11] より作図

む生産管理・製造工程において，これまで技能者等の知覚を通じて行われてきた製造現場のオペレーションやカイゼン活動を，デジタルデータを通じて行うオペレーションやカイゼン運動へと置き換えていくことが有効である．そのためには，

デジタルツールを活用し，価値を生み出すためのデータ加工を容易になしうる能力が求められる．

　情報系を専攻した学生は，最先端の情報システムの開発に関わることを夢見て就職活動をする者が多い．もちろんそのこと自体は間違っていないし素晴らしいことであるが，図9.9から図9.12を見たり，上記の解釈を読むと，それ以外にも広くICT技術者が活躍できる仕事は存在していることにも気づくべきである．

　一方，電気，機械，化学，物理など，情報系以外の科学技術を学んだ学生にも，それらの専門を生かす仕事の中にデジタル化の潮流が押し寄せてきている．さらには，図9.12の企画・マーケティングや上述のフィンテックをはじめ，経理，経営，商取引など文系の学生が将来携わる仕事においても，情報とは無縁ではいられない時代がすでに始まっている．

　最後に誤解があるといけないので付け加えておくと，筆者は，情報系を専攻した学生がICT企業にいくことや最先端の情報システムの開発に携わることを否定している訳ではない．気をつけてほしいことは，情報系を専攻したということで，自分の可能性を狭い範囲に限定してしまうことである．自分の活躍の場を，広く俯瞰的に検討し，その結果としてそのような結論に至るのならば，それはとても良いことである．このことは，情報以外のことを専門とするみなさんにとっても全く同じである．各専門を活かす世界はとても広い．そして，異分野の人々が協力して仕事をするとき，多様な知恵を結び付けるものは「情報」なのである．

課　題

9.1　本章に示したグラフに関する下記の記述は正しいか．正しければ○を，誤りであれば×をそれぞれ付けよ．

　a：図9.1について：1997年以降，インターネットを利用している企業（従業員100人以上）の割合は常に世帯および個人の割合よりも多い．
　b：図9.2について：スマートフォンの世帯保有率は，2012年にはFAXを上回り，さらに2017年にはパソコンをも上回っている．
　c：図9.3について：インターネット利用の目的・用途としては，ソーシャルネッ

トワークの方がオンラインゲームよりも多い.

d：図 9.4 について：平成 30 年 7 月豪雨において，情報収集の手段として地上波放送より携帯メールの方が多く使われたのは，警報発令時，発災時，発災 1 週間以内，発災 1 週間以降のうち，発災時のみである.

e：図 9.5 について：2017 年における実質国内生産額において，情報通信産業と商業との差額は，商業と不動産との差額の約半分である.

f：図 9.6 について：2000 年から 2017 年まで情報通信産業と商業は一貫して実質国内生産額の上位を占めてきたが，2000 年当時これらとともに上位にあったのは建設である.

g：図 9.7 について：2017 年における一般財の輸入超過額は，ICT 財のものの 5 倍以上である.

h：図 9.8 について：2017 年における企業の研究費の割合は，情報通信産業だけで全体の 1/4 を超えている.

i：図 9.9 について：ICT 企業に所属する ICT 人材の割合は，日本は米国の 2 倍以上である.

j：図 9.10 について：理工系以外の最終学歴を持つ ICT 技術者は，ICT 企業において 35% 以上であり，ユーザ企業においては 50% 以上である.

k：図 9.11 について：ICT 企業における ICT 技術者の職種でもっとも多いアプリ系技術者の割合は，2 番目と 3 番目に多い職種の合計よりも多い.

l：図 9.12 について：半数以上の企業が，生産管理・生産技術部門で ICT リテラシーが必要であると答えている.

参 考 文 献

[9.1]　総務省；情報通信統計データベース，分野別データ，インターネット，個人のインターネットの利用状況の推移
https://www.soumu.go.jp/johotsusintokei/field/tsuushin01.html
（2020 年 9 月 19 日確認）.

[9.2]　総務省；令和元年版情報通信白書，第 2 部，第 3 章，第 2 節，ICT サービスの利用動向，pp. 252-292，日経印刷株式会社，2019 年.

[9.3]　総務省；令和元年版情報通信白書，第 1 部，第 2 章，第 4 節，人間と ICT の新たな関係，pp. 174-205，日経印刷株式会社，2019 年.

[9.4]　総務省；令和元年版情報通信白書，第 2 部，第 3 章，第 1 節，ICT 産業の動向，pp. 218-251，日経印刷株式会社，2019 年.

[9.5]　総務省；令和元年版情報通信白書，第 1 部，第 1 章，第 2 節，デジタル経済を支える ICT の動向，pp. 47-66，日経印刷株式会社，2019 年.

［9.6］ 総務省；令和元年版情報通信白書のポイント，（ページ数なし），日経印刷株式会社，2019 年.

［9.7］ （独)情報処理推進機構社会基盤センター編；IT 人材白書 2019，第 2 部，第 2 章，第 1 節，IT 人材の流動性の状況，pp. 26-27，（独）情報処理推進機構，2019 年.

［9.8］ 総務省；令和元年版情報通信白書，第 1 部，第 2 章，第 3 節，Society 5.0 が真価を発揮するためにはどのような改革が必要か，pp. 157-173，日経印刷株式会社，2019 年.

［9.9］ （独）情報処理推進機構社会基盤センター編；IT 人材白書 2017，第 3 部，第 4 章，IT 企業 IT 技術者の動向，pp. 192-202，（独）情報処理推進機構，2017 年.

［9.10］ （独）情報処理推進機構社会基盤センター編；IT 人材白書 2017，第 3 部，第 5 章，ユーザ企業 IT 技術者の動向，pp. 203-222，（独）情報処理推進機構，2017 年.

［9.11］ 経済産業省，厚生労働省，文部科学省；2019 年版ものづくり白書，第 1 部，第 2 章，第 3 節，世界で勝ち切るための戦略，pp. 120-194，（財）経済産業調査会，2019 年.

課題の正解・解説

第2章

2.1および2.2　第1章でも確認したように，情報は単なる理工系の一分野ではなく総合系に位置付けられるものであり，時代とともに進化するものである．したがって，情報を学ぶ者は，情報に対する人々の期待，および情報が社会に与える影響について，常にいまの時代のことに敏感でなければならない．これらの課題の作業を通じて，考えながら新聞を読む習慣を身に付けてほしい．

第3章

3.1

(1)　「ハートが出た」の情報量

$$I(\text{ハート}) = -\log_2 \frac{1}{4} = \log_2 4 = 2.00 \quad [\text{bit}]$$

(2)　「エースが出た」の情報量

$$I(\text{エース}) = -\log_2 \frac{1}{13} = \log_2 13 = 3.70 \quad [\text{bit}]$$

(3)　「ハートのエースが出た」の情報量

$$I(\text{ハートのエース}) = -\log_2 \frac{1}{52} = \log_2 52 = 5.70 \quad [\text{bit}]$$

たしかに，

$$I(\text{ハートのエース}) = I(\text{ハート}) + I(\text{エース})$$

となっている．

3.2　さいころの目を知ることの平均情報量

$$H = -\sum_{i=1}^{6} \frac{1}{6} \log_2 \frac{1}{6} = \log_2 6 = 2.58 \quad [\text{bit}]$$

第4章

4.1　たとえば，コンピュータでユーザに文字によらずに情報を伝えるアイコンがある．アイコンは，第8章で説明するGUI（graphical user interface）で用いられ，直感的にコンピュータを操作することに貢献している．

4.2　2進数から10進数への変換

(1)　$(11001)_2 = (25)_{10}$　　　(2)　$(101010)_2 = (42)_{10}$

(3)　$(1001001)_2 = (73)_{10}$　　(4)　$(1010101)_2 = (85)_{10}$

(5)　$(1110000)_2 = (112)_{10}$

4.3　10進数から2進数への変換

(1)　$(31)_{10} = (11111)_2$　　　(2)　$(48)_{10} = (110000)_2$

(3)　$(77)_{10} = (1001101)_2$　　(4)　$(88)_{10} = (1011000)_2$

(5)　$(100)_{10} = (1100100)_2$

4.4　2進数同士の加算

(1)　$(1010)_2 + (11)_2 = (1101)_2$

(2)　$(1010)_2 + (111)_2 = (10001)_2$

(3)　$(10101)_2 + (10001)_2 = (100110)_2$

(4)　$(10001)_2 + (1111)_2 = (100000)_2$

(5)　$(10101)_2 + (10010)_2 = (100111)_2$

4.5　5桁の2進数同士の2の補数を用いた減算

(1)　$(01010)_2 - (00011)_2$

→　$(01010)_2 + (11101)_2 = (100111)_2$　→　$(00111)_2$

(2)　$(01010)_2 - (00111)_2$

→　$(01010)_2 + (11001)_2 = (100011)_2$　→　$(00011)_2$

(3)　$(10101)_2 - (10001)_2$

→　$(10101)_2 + (01111)_2 = (100100)_2$　→　$(00100)_2$

(4)　$(10001)_2 - (01111)_2$

→　$(10001)_2 + (10001)_2 = (100010)_2$　→　$(00010)_2$

(5)　$(10101)_2 - (10010)_2$

→　$(10101)_2 + (01110)_2 = (100011)_2$　→　$(00011)_2$

第5章

5.1　図A.1のように，5.4.1項に示した手順により，Aに10, Bに110, Cに0, Dに111をそれぞれ与えることができる．

なお，この手順において，step 1で「出現頻度のもっとも少ない文字とつぎに少ない文字（課題においては，出現確率のもっとも小さい文字とつぎに小さい文字であ

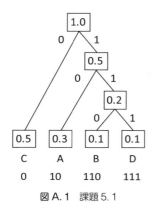

C　　A　　B　　D
0　　10　　110　　111

図 A.1　課題 5.1

るが）に，0 と 1 を割り当てる」ときに，どちらの方に 0 を割り当てるかは自由であるので，必ずしも 0 と 1 の並びはこのとおりではなくともよい．しかし，符号の桁数は同じとなる．

　また，出現頻度や出現確率により，多い順，大きい順に並べてからこの手順を実施すると分かりやすい．図 A.1 でも，そのようにしている．

5.2　与えられたデータは，実際には 1 から始まっているので，最初の 0 の並びは 0 個だったとして記述を始める．その結果，つぎの符号が得られる．

　　　000 010 101 011 010 001 111

第 6 章

6.1

　（a）　$s \geqq 90$，（b）　$s \geqq 80$，（c）　$s \geqq 70$，（d）　$s \geqq 60$

　（b）において「90 点未満」という条件は不要．なぜなら，（a）の判断で No に進んだ段階で，その条件は満たされているから．（c），（d）においても，同様のことがいえる．

6.2

　1 回目：4 番目の 32．

　　　　　この段階で 4 番目，および 5 番目から 8 番目までが候補から外れる．

　2 回目：2 番目の 11．

　　　　　この段階で 2 番目，および 1 番目が候補から外れる．

以上で，候補は 3 番目しか残っていないので，18 の位置は確定する．

6.3

　a: 27　b: 90　c: 08　d: 15　e: 18　f: 88　g: 57　h: 72
　i: 08　j: 15　k: 27　l: 90　m: 18　n: 57　o: 72　p: 88
　q: 08　r: 15　s: 18　t: 27　u: 57　v: 72　w: 88　x: 90

6.4

　探索木を図 A.2 に示す．なお，「目標状態に至ったら，そこで終了することとする」という終了条件により，(1, 1) の後 (2, 1) に進む探索は実行されない．

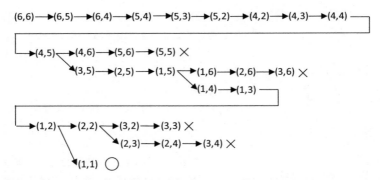

図A.2 図6.10の (6, 6) を初期状態，(1, 1) を目標状態とする迷路の探索木

第7章

7.1

$$x \cdot (x + y) = (x + 0) \cdot (x + y) \qquad \text{(8) 単位元と有界性より}$$
$$= x + (0 \cdot y) \qquad \text{(6) 分配律より}$$
$$= x + 0 \qquad \text{(8) 単位元と有界性より}$$
$$= x \qquad \text{(8) 単位元と有界性より}$$

7.2

a: 0 b: 0 c: 0 d: 1 e: 0 f: 1 g: 1 h: 1
i: 0 j: 1 k: 1 l: 0 m: 1 n: 0 o: 0 p: 1

7.3　入力 S は1であるから，NOT 回路を経た a の値は0である．表7.4に示したとおり，NAND 回路は，2つの入力のうちで少なくとも片方が0ならば出力は1となるので，Q の値は1となる．この値はフィードバックされて下の方の NAND 回路の入力の1つとなり，c は1である．一方，R は0であるから，NOT 回路を経た d の値は1である．表7.4に示したとおり，NAND 回路は入力 (1, 1) のときには0を出力する．したがって，$\bar{Q}$ の値は0となる．つまり，$(Q, \bar{Q}) = (1, 0)$ となり，セット状態となる．

7.4　図7.10のリレーションにおいて，(a) から (d) について，主キーあるいはその一部からの関数従属性を調べると，つぎのようになる．

{「講義コード」，「学生番号」} → (a)「担当教員」
「講義コード」 → (a) 担当教員

{「講義コード」, 「学生番号」} → (b)「学生氏名」

「学生番号」 → (b) 学生氏名

{「講義コード」, 「学生番号」} → (c)「合格・不合格」

{「講義コード」, 「学生番号」} → 「成績」 → (c)「合格・不合格」

{「講義コード」, 「学生番号」} → (d)「レポート提出回数」

　したがって，このリレーションにそのまま加えてしまうと，主キーである「講義コード」と「学生番号」に完全関数従属しなくなり，「学生番号」のみに関数従属する属性は，(b)「学生氏名」である．

　また，これにそのまま加えてしまうと，主キーに対して推移的関数従属となる属性は，(c)「合格・不合格」である．

7.5

「情報」 AND （「マージソート」 OR 「整列」）

$= \{1, 2, 3\}$ AND $(\{2\}$ OR $\{2\}) = \{1, 2, 3\}$ AND $\{2\} = \{2\}$

すなわち，P2 の Web ページが出力される．

7.6 それぞれのコサイン類似度は，つぎのように求められる．

$$\cos(\boldsymbol{p}_1, \boldsymbol{q}) = \frac{\sum_{k=1}^{m} p_{k,1} q_k}{\sqrt{\sum_{k=1}^{m} p_{k,1}^2} \sqrt{\sum_{k=1}^{m} q_k^2}} = \frac{2}{\sqrt{8}\sqrt{2}} = 0.500$$

$$\cos(\boldsymbol{p}_2, \boldsymbol{q}) = \frac{\sum_{k=1}^{m} p_{k,2} q_k}{\sqrt{\sum_{k=1}^{m} p_{k,2}^2} \sqrt{\sum_{k=1}^{m} q_k^2}} = \frac{1}{\sqrt{4}\sqrt{2}} = 0.354$$

$$\cos(\boldsymbol{p}_3, \boldsymbol{q}) = \frac{\sum_{k=1}^{m} p_{k,3} q_k}{\sqrt{\sum_{k=1}^{m} p_{k,3}^2} \sqrt{\sum_{k=1}^{m} q_k^2}} = \frac{2}{\sqrt{4}\sqrt{2}} = 0.707$$

第8章

8.1　ペンの第1接面は手で保持する部分であり，第2接面はペン先が紙に触れる部

表A.1　ペンとワープロの第1接面と第2接面との関係

	距離	同型性	生産物の個性	習得すべきこと
ペン	3 cm 前後	指先の動きと一体化して字が書かれる	あり．人それぞれにその人の字	きれいな字や文を書くにはその技能が必要
ワープロ	30 cm 前後	キーの押下とマウス操作の動きは字の形と異なる	なし．誰が書いても設定が同じなら同じ字	ワープロやファイルを扱う知識が必要

分である．ワープロの第1接面はキーボードとマウスの手で触れる部分であり，第2
接面は，ディスプレイに表示される文章である．表A.1は，両者の比較の例である．

第9章
9.1

a: ○ b: ○ c: ○ d: ○ e: ○ f: ○ g: ○ h: ○ i: ○ j: ○ k: ○
l: ○

　たとえば，jの事実はみなさんにとって意外だったのではないだろうか．客観的な
データを観察して，そこから自分で意味を読みとることが大切であり，その意味こ
そが情報である．

索　引

著者略歴

野本弘平

1981 年　慶應義塾大学工学部卒業
1983 年　慶應義塾大学大学院工学研究科博士前期課程修了
1983 年　三菱電機(株)入社．同社情報技術総合研究所，デザイン研究所等に勤務
1995 年　博士（工学）東北大学
2003-2009 年　明治大学理工学部客員教授
2007-2009 年　東京工業大学大学院総合理工学研究科連携教授
2009 年より山形大学大学院理工学研究科教授

情報科学入門　　　　　　　　　　　　定価はカバーに表示

2021 年 1 月 1 日　初版第 1 刷
2024 年 1 月 25 日　　第 4 刷

　　　　　　　著　者　野　本　弘　平
　　　　　　　発行者　朝　倉　誠　造
　　　　　　　発行所　株式会社　朝　倉　書　店
　　　　　　　　　　　東京都新宿区新小川町 6-29
　　　　　　　　　　　郵便番号　162-8707
　　　　　　　　　　　電　話　03(3260)0141
　　　　　　　　　　　F A X　03(3260)0180
　　　　　　　　　　　https://www.asakura.co.jp

〈検印省略〉

© 2021 〈無断複写・転載を禁ず〉　　　　Printed in Korea

ISBN 978-4-254-12259-6　C 3004

JCOPY ＜出版者著作権管理機構 委託出版物＞
本書の無断複写は著作権法上での例外を除き禁じられています．複写される場合は，
そのつど事前に，出版者著作権管理機構（電話 03-5244-5088，FAX 03-5244-5089，
e-mail：info@jcopy.or.jp）の許諾を得てください．

室蘭工業大学現代情報学研究会著 # 現代社会と情報システム 12253-4 C3004　　　　B 5 判 160頁 本体2500円	情報学の基礎をまとめたテキスト。〔内容〕コンピュータの発展と社会の変化／現代の情報化社会／データ表現／ハードウェア／ソフトウェアとアルゴリズム／ネットワーク／ビッグデータとAI，VR／情報セキュリティ／情報倫理と知的財産権
前東北大 丸岡　章著 # 情 報 ト レ ー ニ ン グ ——パズルで学ぶ，なっとくの60題—— 12200-8 C3041　　　　A 5 判 196頁 本体2700円	導入・展開・発展の三段階にレベル分けされたパズル計60題を解きながら，情報科学の基礎的な概念・考え方を楽しく学べる新しいタイプのテキスト。各問題にヒントと丁寧な解答を付し，独習でも取り組めるよう配慮した。
都市大 田口　亮・東電大 金杉昭徳・湘南工大 佐々木智志 千葉工大 菅原真司著 # 論 理 回 路 の 基 礎 12252-7 C3004　　　　A 5 判 176頁 本体2900円	図解と例題を通して，論理回路／ディジタル回路を具体的に理解する。〔内容〕数値表現／論理演算／組合せ回路の設計／代表的な組合せ回路／フリップフロップ／順序回路の設計／代表的な順序回路／基本論理素子の電子回路
黒川利明著 # Scratch で学ぶ ビジュアルプログラミング ——教えられる大人になる—— 12257-2 C3004　　　　B 5 判 160頁 本体2500円	「プログラミング教育」必修化に対応し，教えられる大人になるためのテキスト。そもそもプログラミングとは何かから解説し，Scratchで実践。ゲーム作成，音楽演奏，作図など，試したくなる事例を通して，考え方を身に着ける。
東北大 塩入　諭・東北大 大町真一郎著 電気・電子工学基礎シリーズ18 # 画 像 情 報 処 理 工 学 22888-5 C3354　　　　A 5 判 148頁 本体2500円	人間の画像処理と視覚特性の関連および画像処理技術の基礎を解説。〔内容〕視覚の基礎／明度知覚と明暗画像処理／色覚と色画像処理／画像の周波数解析と視覚処理／画像の特徴抽出／領域処理／二値画像処理／認識／符号化と圧縮／動画像処理
前日本IBM 岩野和生著 情報科学こんせぷつ 4 # ア ル ゴ リ ズ ム の 基 礎 ——進化するIT時代に普遍な本質を見抜くもの—— 12704-1 C3341　　　　A 5 判 200頁 本体2900円	コンピュータが計算をするために欠かせないアルゴリズムの基本事項から，問題のやさしさ難しさまでを初心者向けに実質的にやさしく説き明かした教科書〔内容〕計算複雑度／ソート／グラフアルゴリズム／文字列照合／NP完全問題／近似解法
愛媛大 十河宏行著 実践Pythonライブラリー # はじめてのPython & seaborn ——グラフ作成プログラミング—— 12897-0 C3341　　　　A 5 判 192頁 本体3000円	作図しながらPythonを学ぶ〔内容〕準備／いきなり棒グラフを描く／データの表現／ファイルの読み込み／ヘルプ／いろいろなグラフ／日本語表示と制御文／ファイルの実行／体裁の調整／複合的なグラフ／ファイルへの保存／データ抽出と関数
慶大 中妻照雄著 実践Pythonライブラリー # Pythonによる ベイズ統計学入門 12898-7 C3341　　　　A 5 判 224頁 本体3400円	ベイズ統計学を基礎から解説，Pythonで実装。マルコフ連鎖モンテカルロ法にはPyMC3を活用。〔内容〕「データの時代」におけるベイズ統計学／ベイズ統計学の基本原理／様々な確率分布／PyMC／時系列データ／マルコフ連鎖モンテカルロ法
前東工大 高橋正子著 現代基礎数学 2 # コ ン ピ ュ ー タ と 数 学 11752-3 C3341　　　　A 5 判 168頁 本体2800円	プログラミング初心者でも独学できる，コンピュータの原理を数学的に理解するための教科書。〔内容〕簡単なプログラムによる計算の表現／初等関数とNプログラム／原始帰納的関数と帰納的関数／万能関数と再帰定理／他
松永昌三・田村貞雄・栗田尚弥・浦井祥子編 郷土史大系 # 情 報 文 化 53577-8 C3321　　　　B 5 判 488頁 本体16000円	情報を人間社会を成り立たせる文化ととらえて多角的にとらえる。〔内容〕道／ことばと記録（ことば，記録，地名，人名・戸籍）／情報・メディア（新聞・雑誌・出版，ラジオ・テレビ・映像，通信，情報工作，情報の保存と提供）／時刻・暦

上記価格（税別）は2023年12月現在